NATALIS RONDOT

SA VIE ET SES TRAVAUX

NATALIS RONDOT
Correspondant de l'Institut
1821 – 1900

Héliog. Dujardin

Imp. Ch. Wittmann

NATALIS
RONDOT

SA VIE ET SES TRAVAUX

PAR

LÉON GALLE

Correspondant du Comité des sociétés des Beaux-Arts des départements près le Ministère de l'Instruction publique

LYON

BERNOUX, CUMIN & MASSON

Libraires-Editeurs

—

M D CCCC II

NATALIS RONDOT

SA VIE ET SES TRAVAUX

La famille Rondot est originaire de Troyes et paraît avoir eu de nombreuses ramifications. On la trouve mentionnée dès la seconde moitié du quatorzième siècle. La filiation suivie commence à Gombert Rondot, qui mourut entre les années 1588 et 1593. Depuis cette époque, jusqu'au commencement de ce siècle, on compte dans cette famille huit générations non interrompues d'artistes, de graveurs de la monnaie, de professeurs de dessin.

Dans son opuscule sur les *Graveurs de la monnaie de Troyes du* XIIe *au* XVIIIe *siècle*, Natalis Rondot a publié de curieux documents sur ses ascendants.

Edme Rondot, né en 1613, mort en 1697, fut orfèvre, garde et graveur particulier de la monnaie de Troyes. Il eut six enfants; l'un d'eux, Paul (1652-1710), fut aussi orfèvre, garde, graveur de la monnaie. De sa très nombreuse postérité, 14 enfants, deux d'entre eux, Nicolas

(1683-1740) et Paul-Antoine (1696-1766) suivirent la carrière de leurs père et grand-père. Une fort belle toile de l'école de Tocqué, conservée dans la famille, représente Nicolas Rondot, vu à mi-corps, tenant à la main une pièce d'or à l'effigie de Louis XV et au millésime de 1720. Nicolas Rondot, marié trois fois, eut 16 enfants, dont Jacques, dit le Romain, orfèvre, graveur et essayeur de la monnaie, fondateur et professeur de l'école de dessin de Troyes, qui continua ainsi la tradition familiale et fut père de Louis-Joseph (1756-1802) orfèvre, professeur à l'école de dessin. En lui s'éteignit cette longue génération d'artistes, qui devait reprendre plus tard en la personne de son petit-fils, Natalis, dont les innombrables travaux sur l'art et les artistes témoignent d'un goût inné pour le beau.

Cyr Rondot, fils de Louis-Joseph, vint fort jeune à Paris. Il fit son apprentissage de commerce chez M. Chevreux-Aubertot, négociant d'une haute honorabilité et qui, le premier, établit le système de la vente à prix fixe. Sa maison *Au Gagne-Petit*, eut plus tard une vogue considérable. M. Rondot, qui avait de sérieuses aptitudes pour les affaires, fonda, en 1817, à Saint-Quentin, une maison d'achat à la commission des tissus fabriqués dans la région. Il habita à Saint-Quentin pendant trente-trois ans, y remplit les fonctions de conseiller municipal et de membre du conseil des Prud'hommes. En 1850, il alla habiter à Nancy, où il fut nommé administrateur de la succursale de la Banque de France.

Natalis Rondot, son fils, naquit à Saint-Quentin, le 23 mars 1821. Il commença ses études dans la maison d'éducation dirigée par M. Bérenger, à Saint-Quentin, et les continua au collège de cette ville durant sept ans, de 1829 à 1835. Il montra dès son jeune âge les qualités maîtresses

NICOLAS RONDOT

Orfèvre, Graveur de la Monnaie.

1683 - 1740

Imp. Ch. Wittmann

qui, se développant plus tard, devaient en faire l'incomparable travailleur, le consciencieux érudit, le critique d'art et l'artiste que nous avons connu. Les notes de ses professeurs, conservées dans ses papiers de jeunesse, sont des plus élogieuses et mentionnent constamment son assiduité au travail. Ses compositions se faisaient remarquer, chose assez rare chez les jeunes gens, par la netteté, la simplicité et la correction du style.

La botanique eut pour lui un grand attrait. Sans études spéciales, par une patiente observation et la lecture de quelques livres, il était arrivé à classer, à cataloguer 600 plantes de la région environnant Saint-Quentin.

Il fit ses classes de troisième, de seconde et de rhétorique au collège royal de Louis-le-Grand ; il entra en octobre 1838 dans le pensionnat de M. E. Martelet, où il termina ses études portant principalement sur les sciences et les mathématiques.

Pendant les vacances de l'année 1839, il fit un voyage de Saint-Quentin à Troyes, passant par Laon, Reims, Chalons-sur-Marne, Arcis-sur-Aube ; il en écrivit la relation. Elle forme un cahier de 17 pages in-4°, d'une écriture fine et élégante. Le titre, EXCURSION EN CHAMPAGNE, est suivi de cette épigraphe : *Forsan et hæc olim meminisse juvabit.* — Virg. Le texte est agrémenté de charmants dessins à la mine de plomb, exécutés avec une habileté et une sûreté de main étonnantes, et animés d'un vif sentiment artistique. Ce sont des paysages le long de la route, des cathédrales, des maisons anciennes, de curieux motifs d'architecture. Dans le récit, on trouve les qualités de simplicité et de sobriété que ses professeurs avaient louées. Le jeune Rondot montre déjà un goût marqué pour l'archéologie ; les monuments du Moyen Age ont toutes ses préférences. La cathédrale de Reims le ravit; il décrit et il dessine minutieusement les détails de son architecture tout en déplorant le badigeon bleu des voûtes. Par contre, l'hôtel de ville « n'est qu'un beau bâtiment du dix-septième siècle ». Chemin faisant, il se laisse aller à son esprit d'analyse et d'investigation. En quittant Saint-Quentin, ce sont « vertes prairies, paysage varié, collines boisées. Le sol est une terre grasse et riche; la route est charmante, on emploie pour son entretien le grès calcaire mamelonné renfermant des géodes de chaux carbonatée radiée... » Entre Chalons-sur-Marne et Arcis-sur-Aube, c'est le souvenir des terribles combats livrés par Napoléon aux alliés, en 1814. A Troyes, la cathédrale, le jubé de Sainte-Madeleine, l'élégante église Saint-Urbain attirent toute son attention. Le voyage se termine par une visite à la vieille maison des Rondot:

> La maison où habita mon grand-père est toute simple, bien vieille, comme toutes celles de Troyes. Encore aujourd'hui, une boutique d'orfèvre en occupe le rez-de-chaussée, mais la profession est tombée. L'orfèvre n'est plus maintenant qu'un marchand de couverts d'argent; ce n'est plus l'artiste des derniers siècles, qui sculptait dans l'argent et dans l'or, qui ciselait ces merveilleuses châsses, ces précieuses arches toutes découpées de ces riches et gracieuses dentelles, de ces naïves figurines, dont les architectes d'alors ornaient à profusion les voussures et les flèches des églises. Le *maître orfèvre du Roy* était graveur; et mes pères étaient gardes et graveurs de la monnaie de Troyes. C'étaient des hommes qu'animait le génie artistique et qui, basant leur inspiration sur l'étude des bons maîtres, formulaient leurs pensées avec le burin, le crayon ou le pinceau. Aussi nous ont-ils laissé de précieux ouvrages, d'admirables ciselures repoussées sur le bronze et l'argent, de belles pages où ils ont crayonné et l'histoire de leur ville et les souvenirs du temps passé.

En ces quelques lignes, Natalis Rondot nous dévoile son amour de l'art, son respect et son admiration pour la tradition ancestrale dont l'influence bienfaisante devait le guider comme une étoile au cours de sa longue et laborieuse carrière.

Après avoir été reçu bachelier ès-sciences, montrant des aptitudes particulières pour la chimie, il entra, à la fin de 1839, au laboratoire de chimie organique de l'Ecole pratique de médecine, et suivit en même temps les cours de Dumas à la Faculté des sciences. C'est de cette époque que date son premier article imprimé, une notice sur J.-B. Say, publiée dans le supplément du *Constitutionnel* du 6 novembre 1839. Cette notice débute ainsi :

La science de l'économie politique est nouvelle encore, mais elle n'est plus jeune : la marche des circonstances, l'entraînement du siècle, la gravité des questions sociales qui s'y rattachent lui ont fait faire de rapides progrès et aura son importance.

Aujourd'hui que l'Angleterre, revenue de ce chimérique système de la balance du commerce, modèle ses lois économiques sur les principes dont la science proclame la vérité, que la France, jalouse des succès de sa rivale, semble enfin éclairée par l'expérience, et disposée à entrer dans la voie d'une sage réforme commerciale, et que notre industrie obtient des résultats si prospères, c'est un acte de justice que de ramener nos regards en arrière pour voir d'où nous sommes partis, et à qui nous devons cette impulsion si favorable à la puissance, à la richesse et à la prospérité des nations.

Deux hommes ont créé l'économie politique : l'un rechercha le premier le principe véritable des richesses ; il éclaira d'un jour tout nouveau les causes de la grandeur et de la décadence des peuples, et à une époque où l'on était loin d'avoir oublié les naïves réflexions de quelques écrivains du XVIIIe siècle sur le luxe et ses dangers, ainsi que les considérations de Locke *on the lowering of interest, onthe value of money :* ce fut l'auteur de la Richesse des nations (*Inquiry on the Wealth of nations, 1776*), l'Anglais Adam Smith. Nous pouvons réclamer l'autre comme notre compatriote, car il descendait d'une de ces nombreuses familles que la révocation de l'édit de Nantes avait bannies de France avec leur industrie et leur patriotisme; je veux parler de Jean-Baptiste Say.

On est surpris de trouver chez un jeune homme, presque encore un enfant, des goûts si prononcés pour une science alors à son berceau et bien peu faite pour captiver une imagination de dix-huit ans. Cette étude avait été dictée à Natalis Rondot par une affection toute filiale pour l'éminent économiste. Depuis longtemps, les familles Say et Rondot entretenaient de très amicales relations; elles remontaient au temps où M. Cyr Rondot faisait partie de la maison Chevreux-Aubertot. M. Horace Say, fils de J.-B. Say et père de Léon Say, avait épousé une demoiselle Chevreux. L'amitié qui avait existé entre M. Horace Say et M. Cyr Rondot, se continua chez leurs enfants. Natalis Rondot et Léon Say furent liés d'une inaltérable amitié ; elle ne finit qu'à la mort de ce dernier, qui précéda son ami de quelques années dans la tombe.

Plus âgé de cinq ans que Léon Say, Natalis Rondot s'était érigé en mentor de son jeune ami. Outre l'excellent exemple qu'il lui donnait par son application et son assiduité au travail, il ne lui ménageait pas les bons conseils. Léon Say les recevait avec une affectueuse déférence ainsi que le témoigne la jolie lettre suivante :

Mon cher Natalis,

Ta bonne et longue lettre m'est arrivée aujourd'hui. Elle m'a fait grand plaisir parce qu'elle m'annonçait ta convalescence. Tu seras bien faible ce me semble prenant des bains si longs, mais tu viendras te reposer ici dans quatre ou cinq jours, j'espère.

Je ferai ce que tu me dis pour la géométrie et, quoique j'aie moins travaillé cette semaine, je me suis appliqué à ce que j'ai fait et M. Francœur sera content de moi, je pense. Mon travail de latin a été aussi bien cette semaine et M. Maurice est content de moi.

C'était hier le 6 juin, j'ai eu quatorze ans au moment de me mettre à table, mais je suis encore un homuscule, un diminutif, comme dit mon oncle Al. Say.

J'ai voulu m'essayer à polir une de ces plaques trompeuses pour m'y habituer un peu : j'y ai vu mon portrait, et cependant je n'avais pas posé.

Mon grand-père (1) est presque entièrement rétabli et il marche même sans canne. Nous nous portons tous très bien et l'on me charge de te faire beaucoup d'amitiés.

Louise, qui lit ma lettre pendant que je t'écris, te dit bien des choses.

Adieu mon cher cousin (par M. de Vailly ; les cousins de nos cousins sont nos cousins).

Je suis ton ami dévoué,

Léon SAY.

En 1841, Rondot quitta Paris, vint à Reims où il entra dans la carrière industrielle. Il suivit patiemment toute la filière des débutants : tour à tour apprenti et ouvrier teinturier en laine, employé dans une manufacture de tissus.

Ses goûts studieux ne l'avaient pas abandonné. Prenant sur ses nuits, il se levait à l'aube, avant de commencer sa journée professionnelle, et parcourait la campagne rémoise à la recherche d'échantillons de minéraux. En 1843, il lut à l'Académie de Reims, dont il était membre correspondant, un mémoire : *Etude géologique sur le pays de Reims*, qui fut imprimé dans les mémoires de cette compagnie.

Dès l'année 1842, âgé de vingt et un ans à peine, il était inscrit comme membre correspondant de la Société des sciences, arts, belles lettres et agriculture de Saint-Quentin. Mais il se sentait invinciblement attiré vers les grands problèmes économiques qu'il avait entendu discuter, en sa prime jeunesse, par les hommes éminents qui entouraient

(1) Léon Say étant né le 6 juin 1826, il faut dater cette lettre de 1840 ; il ne peut être question ici de J.-B. Say, mort en 1832. Il s'agit de M. Chevreux, père de sa mère.

J.-B. Say. Il se livra avec ardeur à l'étude et pendant les trois années qu'il passa à Reims, de 1841 à 1843, il publia de nombreux articles dans le *Guetteur de Saint-Quentin*, l'*Echo du progrès de Saint-Quentin* et le *Courrier de Saint-Quentin*. Il traita les questions ouvrières et les questions sociales.

Nous retrouvons, en parcourant ces journaux, vieux de soixante ans, des articles sur les salaires, les caisses de prévoyance et de secours mutuels, la nourriture des ouvriers, la cherté de la viande de boucherie et le paupérisme en Angleterre. Le salaire de la femme qui, de nos jours encore, préoccupe tant les sociologues et les moralistes, lui inspire ces lignes tristement émues :

Au temps où nous vivons, le sexe seul constitue pour les femmes et les filles du peuple une cause de misère, et l'isolement perpétue leur dénûment, leur souffrance. Leur condition pour ainsi dire normale, dans la société, c'est d'y être parasites, esclaves ou tout au moins vassales, taillables, et corvéables à merci. Elles n'y ont d'autre droit que celui de mourir de faim ou de se vendre corps et âme... Dans l'atelier, dans la manufacture, on n'estime, on n'utilise en elles que la souplesse et l'agilité des doigts ; on ne spécule que sur la modicité de leur salaire ; elles n'ont de valeur que comme machines (1).

Et le jeune économiste, qui paraît avoir eu le don de seconde vue, car les choses n'ont pas sensiblement changé depuis, termine en donnant l'état des recettes et des dépenses d'une ouvrière de fabrique à Reims. Elle gagne 80 centimes par jour ; une fois qu'elle a payé son logement, son blanchissage, son éclairage, son chauffage, elle peut vivre... avec du pain et de l'eau, sans qu'il lui reste un centime pour remplacer son linge, ses vêtements, sa chaussure !

Ces années de belle jeunesse que l'on passe le plus sou-

---

(1) *Courrier de Saint-Quentin*, 10 juillet 1842.

vent dans le plaisir et la dissipation, furent pour Rondot des années de travail et de recueillement. Mûr avant l'âge, doué des plus merveilleuses facultés d'assimilation, ses connaissances en chimie, son apprentissage technique de la teinture et de la fabrication des tissus, ses études d'économie politique et de sociologie l'avaient admirablement préparé à la haute tâche que le Gouvernement allait lui confier.

*
* *

La guerre entre l'Angleterre et la Chine, commencée en 1839 et qui se termina par le traité de Nanking, du 26 août 1842, eut pour résultat d'ouvrir aux Européens les portes de l'Empire du Milieu. Le Gouvernement, sous l'impulsion du mouvement industriel et de l'expansion commerciale qui se manifestaient par une grande prospérité dans le pays, résolut d'envoyer une mission en Chine. Cette mission avait pour but de négocier des traités de commerce et d'étudier quels pourraient être, pour notre industrie nationale, les débouchés de ses produits. M. de Lagrené en fut le chef; on lui adjoignit le comte Bernard d'Harcourt, secrétaire de la légation de Chine, MM. Renard, délégué de l'industrie parisienne, Auguste Haussmann, pour les cotons, Isidore Hedde, pour les soies et Natalis Rondot, qui, malgré son jeune âge, avait été délégué par la Chambre de commerce de Reims pour les laines.

Le séjour en Chine de la mission française dura près de trois années; partie de Brest en janvier 1844, elle était de retour à Paris en mai 1846.

La contribution apportée aux travaux de la mission par le représentant de l'industrie lainière fut considérable. Il adressa au ministre du Commerce huit rapports relatifs aux échantillons qui lui avaient été remis par les chambres de commerce des villes manufacturières du Nord. Il publia un grand nombre de notices sur l'industrie, les usages, les mœurs des Chinois, de curieuses relations de ses voyages dans l'intérieur du pays. Nous ne pouvons citer tous ces travaux, nous mentionnerons : *Etude pratique du commerce d'exportation de la Chine; Excursion à l'île de Pou-Tou; Les cheveux, les petits pieds et les yeux de la Chinoise; Notice sur quelques plantes textiles de Chine; Aperçu géologique sur l'île de Tschoeïoan*. Les résultats de ses investigations pour l'industrie lainière ont été condensés dans le volume : *Etude pratique des tissus de laine convenables pour la Chine, le Japon, la Cochinchine et l'archipel indien.*

Dès son départ, Rondot avait commencé un journal de voyage où chaque jour il relatait les faits dont il était témoin, des remarques, des descriptions pleines d'originalité. Ce journal, soigneusement conservé, forme 4 volumes in-8 de 500 pages chacun. En outre, il écrivait fréquemment à sa famille de longues lettres dont les journaux de Reims et de Saint-Quentin donnèrent d'intéressants extraits. Il apprit le chinois (1) et s'initia rapidement aux habitudes et aux coutumes du pays. Comme on le voit, sa collaboration fut des plus fécondes. On se demande comment le jeune voyageur trouva le temps strictement nécessaire pour ses travaux, ses études techniques sur la fabrication des tissus,

(1) Natalis Rondot, depuis son voyage de Chine, s'était lié avec M. Stanislas Julien, le célèbre orientaliste, à qui il avait communiqué de curieux documents. Pendant plus de vingt ans, il entretint avec ce savant une fort intéressante correspondance sur la langue chinoise, la législation, l'industrie et les mœurs des peuples de l'Extrême-Orient.

et le commerce de la Chine, sa correspondance, son journal, la visite des villes et les excursions dans les provinces éloignées. L'infatigable activité, la facilité de travail dont il fit preuve toute sa vie étaient, on le voit, unè habitude de jeunesse.

A son retour en France, il reçut l'accueil le plus flatteur du ministre du Commerce et, à vingt-cinq ans, il était décoré de la Légion d'honneur (1).

*
* *

Une exposition nationale des produits de l'industrie belge eut lieu à Bruxelles en 1847. Le ministre de l'Agriculture et

---

(1) Voici la lettre particulièrement flatteuse qu'il reçut à cette occasion :

MINISTÈRE DE L'AGRICULTURE
ET DU COMMERCE

« Paris, le 1er juin 1846.

« Monsieur,

« Je m'empresse de vous annoncer que, sur ma proposition, le Roi vient de vous nommer chevalier de l'Ordre Royal de la Légion d'honneur. Je suis heureux d'avoir pu appeler sur les titres qui vous recommandent, la bienveillance de Sa Majesté.

« Vous avez dignement justifié la confiance du Gouvernement par le zèle et la sagacité que vous avez déployés dans l'accomplissement de votre importante mission, par les travaux intéressants qui en ont été le fruit et que, je l'espère, vous voudrez bien continuer.

« L'honorable distinction qui vous est accordée est donc un véritable acte de justice que l'approbation du commerce français ne peut manquer de ratifier. Il y verra comme vous un témoignage de la sollicitude constante de Sa Majesté pour tous ceux qui concourent au développement des intérêts commerciaux.

« Recevez, Monsieur, l'assurance de ma considération distinguée.

« Le Ministre de l'Agriculture et du Commerce.
« CUNIN-GRIDAINE. »

du Commerce chargea Natalis Rondot de l'étude de l'industrie lainière de Belgique et de Hollande, tant à l'Exposition de Bruxelles que dans les manufactures de ces pays. Rondot visita successivement les fabriques les plus importantes de Liège, de Vervins, de Leyde et d'Aix-la-Chapelle. Ce travail qui parut en un volume sous le titre : *Rapport au Ministre de l'Agriculture et du Commerce sur l'industrie lainière de la Belgique en 1847* avait été publié par ordre du ministre dans les *Documents sur le commerce extérieur.*

Chassé de Paris par les premières émeutes de la Révolution de 1848, peu favorables à la tranquillité de l'homme d'étude, Rondot se rendit auprès de sa famille à Saint-Quentin. C'est alors que furent établis dans cette ville, par son initiative, des cours d'enseignement professionnel.

La misère était grande à ce moment-là. Pour déterminer le nombre des ouvriers sans travail à Saint-Quentin, Rondot présenta au Conseil municipal de cette ville un travail de statistique, portant sur plus de 9.000 ouvriers, hommes, femmes et enfants. Les secours purent être distribués avec quelque discernement.

Rentré à Paris dans le cours de l'année 1848, il écrivit à M. Horace Say, vice-président de la Chambre de commerce, lui soumettant le plan d'un ouvrage sur la statistique industrielle de Paris. Ce projet, revu et modifié dans ses grandes lignes par M. Horace Say, fut accueilli avec faveur par la Chambre de commerce, qui désigna MM. Rondot et Léon Say pour exécuter ces travaux, sous la haute direction de M. Horace Say.

Ce fut une entreprise considérable, que les deux jeunes gens, aidés seulement de trois ou quatre employés, menèrent à bonne fin, à force de travail et de persévérance. Il fallut faire l'historique des 325 industries dont une minutieuse enquête avait constaté l'existence. D'après cette même enquête, il y avait à Paris, en 1847, 64.816 industriels, employant 342.530 ouvriers et faisant pour 1.463.628.350 francs d'affaires. Ce pénible et incessant labeur avait duré trois ans et demi ; il fut terminé à la fin de l'année 1851. Les recherches se trouvent résumées dans un énorme in-4° de 1370 pages : *Statistique de l'industrie à Paris, résultant de l'enquête faite par la Chambre de commerce de Paris pour les années 1847 et 1848*. Le 29 décembre 1851, la Chambre de commerce, reçue à l'Elysée, offrait au prince Louis-Napoléon, président de la République, le premier exemplaire de cet ouvrage. A cette occasion, Natalis Rondot et Léon Say furent présentés au Président et reçurent ses vives félicitations. M. J. Garnier, dans le *Journal des Economistes*, et M. Michel Chevalier, dans le *Journal des Débats*, louèrent « ces jeunes hommes éclairés, dévoués, ardents à la besogne, des mains desquels est sorti, après trois ans de labeur, ce monument statistique. M. Horace Say a été assisté par deux collaborateurs dont le zèle a été admirable, l'activité sans pareille, l'esprit d'ordre toujours en éveil, et qui comptent l'un et l'autre parmi les hommes éclairés de la génération qui s'élève ».

Rondot prit une part active à l'Exposition nationale des produits de l'industrie qui eut lieu à Paris en 1849. Nommé membre du jury central, il fut en outre rapporteur de cinq commissions (des arts divers, des Beaux-Arts, des métaux, des tissus et de l'Algérie). Il présenta de ce fait au jury cinquante-cinq rapports, formant un in-octavo de près de trois cents pages.

C'est de l'année 1850 que datent les premières relations de Rondot avec la ville de Lyon qui devait devenir à plus d'un titre sa seconde patrie. La Chambre de commerce de

Lyon avait reconnu la nécessité d'avoir à Paris un délégué qui la représentât d'une façon permanente auprès des pouvoirs publics. Elle désigna pour ce poste, en décembre 1850, M. Charles Rivet, conseiller d'Etat, ancien préfet du Rhône; Natalis Rondot fut nommé délégué adjoint. Après la retraite de M. Rivet, il resta seul chargé de ce mandat qu'il remplit pendant plus de trente ans avec toute l'autorité de son expérience, jointe à un zèle toujours actif et vigilant.

Une exposition universelle devait s'ouvrir à Londres le 1er mai 1851. Rondot fut appelé à siéger au jury et dans les mêmes commissions qu'à l'exposition de 1849. Envoyé à Lyon avec mission d'examiner et d'admettre les soies et les soieries, il fut chargé aussi de diriger le service de l'inscription des exposants et des opérations d'envoi. Trente-quatre ans plus tard, il exposait en ces termes la synthèse de cette manifestation industrielle et artistique de la fabrique lyonnaise :

La première exposition universelle des produits de l'industrie fut ouverte à Londres en 1851, et c'est à cette exposition que la fabrique d'étoffes de soie de Lyon brilla du plus vif éclat.

Pour la première fois, la Chambre de commerce de Lyon organisa l'exposition des soieries de Lyon. Pour la première fois aussi, cette exposition fut collective, afin de faire prévaloir l'intérêt général de la communauté industrielle sur l'intérêt privé. Un choix rigoureux fut fait des étoffes, tant on était résolu à donner en cette occasion l'idée la plus haute de la supériorité de la France dans cette industrie. On alla même plus loin. On ne craignit pas de rapprocher des tissus riches et élégants qui montraient à quel degré d'habileté nos fabricants avaient atteint, les œuvres les plus achevées d'anciens maîtres. Des brocarts du XVIe siècle, des lampas du XVIIe siècle et des panneaux de de la Salle prirent place auprès d'ouvrages des Le Mire, des Mathevon et Bouvard, des Potton, Rambaud et Cie.

En 1851, la fabrication des étoffes de soie brochées florissait à Lyon.

Cette branche de notre industrie attirait le plus l'attention, et l'on s'intéressait vivement à l'étranger autant, sinon même plus, au mérite artistique qu'à la valeur technique de nos produits (1).

Natalis Rondot entra alors en relations avec plusieurs notabilités lyonnaises, entre autres MM. Brosset, président de la Chambre de commerce, Arlès-Dufour, Paul Desgrand, Saint-Jean, le peintre de fleurs. Il se lia particulièrement avec ce dernier. Quoique les tableaux fussent exclus de l'exposition, il obtint l'admission, dans la section lyonnaise, de six toiles de ce maître, faisant observer que les œuvres de ce peintre célèbre pouvaient avoir une heureuse influence sur la partie artistique de la fabrication des soieries. Saint-Jean lui en fut vivement reconnaissant et ne cessa jusqu'à la fin de sa vie d'entretenir avec N. Rondot une correspondance des plus affectueuses.

Pour vaquer à ses travaux de membre du jury international et de rapporteur, Rondot résida à Londres pendant quelques mois. Son assiduité, ses connaissances si variées lui donnèrent de suite une situation prépondérante parmi ses collègues. Il défendit activement les intérêts de ses compatriotes ; MM. Champagne, Mathevon, Teillard, fabricants de Lyon, reçurent la croix de la Légion d'honneur. Son urbanité et son obligeance lui avaient acquis la sympathie des hauts fonctionnaires et de plusieurs grands personnages. Il accompagna plusieurs fois à l'Exposition la reine Marie-Amélie, la duchesse d'Orléans et ses fils, le duc de Nemours. Lord Canning lui écrivait le 16 octobre 1851 : « Je vous assure que les souvenirs de nos longs travaux ensemble et surtout du bon accord et des sentiments amicaux par lesquels ils ont

(1) *Saint-Jean, le peintre de fleurs, aux expositions universelles de 1851 et 1855*, par Natalis Rondot. Lyon, 1885, in-8.

été distingués ne cesseront jamais d'être pour moi un vrai plaisir. » Plus tard, le prince Albert, président de la Commission royale, en lui envoyant une médaille de bronze lui écrivait : « Je suis heureux de reconnaître le zèle et le désintéressement dont vous avez fait preuve dans l'accomplissement de votre tâche ; je vous remercie cordialement de l'assistance que vous avez donnée à la Commission pour mener cette grande entreprise à bonne fin. »

Rondot écrivit dans les journaux et les revues plusieurs articles sur cette exposition et un *Rapport sur les objets de parure, de fantaisie et de goût, fait à la Commission française du jury de l'Exposition universelle de Londres,* 1 vol. in-8.

De 1848 à 1851, il avait publié, en plus des travaux que nous venons d'indiquer, de nombreuses études sur la Chine, l'Inde, le cap de Bonne-Espérance, entre autres deux notes sur l'infanticide en Chine et les colonies agricoles de Chine.

Lors de ses premiers voyages à Lyon, Rondot était entré en pourparlers avec M. Paul Desgrand, chef de la maison de soies Desgrand père et fils. En 1852, il se remettait aux affaires et devenait le représentant de MM. Desgrand, à Paris. Il contribua puissamment à l'extension de cette maison en lui trouvant de nouveaux correspondants pour la Chine et l'Australie. De 12 millions, en 1853, le chiffre d'affaires s'élevait à 20 millions en 1855 et à 28 millions en 1856.

C'était en partie le résultat de la mission en Chine du jeune et actif délégué de l'industrie lainière. M. C. Lavollée, qui faisait partie du personnel de la légation de France en Chine, au moment de la mission, expose en ces termes l'heureuse influence de Rondot sur le commerce lyonnais :

« Pendant son séjour en Chine, Rondot avait reconnu l'intérêt que pouvait présenter l'emploi en France des soies de ce pays. Dès son retour, il fit connaître le résultat de l'étude approfondie à laquelle il s'était livré sur les soies chinoises, qui, déjà, trouvaient un important débouché sur le marché de Londres. Il se mit en relations avec la fabrique lyonnaise et réussit à établir un courant d'affaires entre Lyon et Shanghaï. De 85 balles en 1852, l'importation des soies de Chine monta, en 1860, à 30.000 balles. C'était une véritable révolution industrielle, à laquelle cependant un événement essentiel faisait défaut, à savoir la facilité, la rapidité et l'économie des transports. Malgré les efforts tentés pour relever notre navigation, les communications directes entre la France et la Chine devenaient de plus en plus rares. La presque totalité des transports entre la France et l'Extrême-Orient appartenait au pavillon anglais et les affaires en soies de Chine se traitaient presque exclusivement sur le marché de Londres. Ce fut le développement inespéré de l'emploi des soies chinoises par l'industrie lyonnaise qui détermina le Gouvernement à s'occuper de la question des transports et à favoriser, sur les instances de la Chambre de commerce de Lyon, la constitution de la compagnie des Messageries maritimes. Chargé du rapport présenté à l'appui de cette proposition, Rondot compléta ainsi l'œuvre à laquelle il s'était voué, et il eut la satisfaction de voir s'établir à Lyon le principal marché des soies. » (1)

En 1853, Rondot fit pour le compte de la maison Desgrand un voyage en Grèce, en Turquie et en Russie. Il offrit au ministre du Commerce de mettre ce voyage à profit

(1) *Notice nécrologique sur M. Natalis Rondot*, par C. Lavollée. (Extrait du *Bulletin de la Société d'encouragement pour l'industrie nationale*, janvier 1901).

dans l'intérêt de son département. Le ministre accepta cette proposition et lui remit des instructions touchant des points particuliers de la législation douanière, du commerce, de la navigation et de l'industrie des pays qu'il allait visiter. En outre, M. Drouyn de Lhuis, ministre des Affaires étrangères, l'accrédita auprès des agents diplomatiques ou consulaires. Ce voyage eut une durée de sept mois. En plus d'une correspondance très active avec la maison Desgrand, de diverses communications au ministère, Rondot écrivit un journal de voyage resté manuscrit, comme celui de Chine, formant 2 vol. de 700 pages. Ce travail est admirable d'ordre, de précision; il est terminé par une table alphabétique de noms propres et de matières.

Peu de temps après son retour en France, Natalis Rondot épousait à Lyon, le 8 mai 1854, en l'église Saint Louis (aujourd'hui N.-D. Saint Vincent), Mlle Sophie Bizot (1).

Au mois de novembre 1853, N. Rondot avait été sollicité par le général Morin, directeur du Conservatoire des arts et métiers et membre de la Commission impériale, de prendre part à l'organisation et à l'administration de l'Exposition universelle de 1855. Ayant obtenu de M. Paul Desgrand l'autorisation d'accepter cette tâche, N. Rondot fut chargé du service du catalogue et du jury. Il collabora, en outre, avec M. Le Play pour établir un système de classification. La rédaction du catalogue fut un travail considérable dont il porta seul le poids. Il lui fallut établir

(1) Mlle Bizot appartenait à une des plus honorables familles lyonnaises; un de ses frères, M. Jules Bizot, était le gendre de M. Paul Desgrand. De cette union naquirent trois enfants : Gabrielle, née en 1855, mariée à M. Albert de Castella; Georges, né en 1856, ancien officier d'infanterie, marié à Mlle Berthe Coignet, décédé en 1901; Albert, né en 1861, marié à Mlle Marthe Longin.

21.000 notices d'exposants, dont 10.000 furent faites d'après des bulletins écrits en langues étrangères. Nommé président de la classe 25 du jury, membre de la Commission supérieure de classement chargée de statuer en dernier ressort sur les hautes récompenses, son zèle, son infatigable labeur furent appréciés aussi bien de ses collègues que du Gouvernement. Sur la proposition du prince Napoléon, président de la Commission impériale de l'Exposition, il fut nommé officier de la Légion d'honneur.

En 1857, à la suite de changements effectués dans l'administration de la maison Desgrand père et fils, Natalis Rondot se sépara de M. Paul Desgrand et entra, pour occuper un poste similaire, dans la maison Arlès-Dufour. Il y apporta de nombreux et précieux éléments d'affaires. Pendant son séjour en Chine, il s'était lié avec MM. Jardine, Matheson et Cie, qui tenaient la tête du commerce des soies dans l'Extrême-Orient. L'occasion se présenta d'établir des relations d'affaires entre les deux maisons. MM. Arlès-Dufour trouvèrent de ce fait un notable accroissement dans leurs débouchés.

Rondot n'avait jamais cessé de s'intéresser aux questions chinoises : art, numismatique, commerce, industrie, science, législation (1). Vers le milieu de l'année 1857, il présenta à la Chambre de commerce de Lyon un mémoire sur le vert de Chine et sur d'autres matières auxquelles on avait attribué la même propriété tinctoriale. Ce travail, très curieux, très documenté, fut vivement apprécié ; la Chambre décida qu'il serait imprimé à ses frais. Il parut en

(1) Nous mentionnerons aussi un important travail sur les mesures et les monnaies chinoises, resté manuscrit et que Rondot, jusqu'aux dernières années de sa vie, espérait toujours pouvoir terminer.

1858 sous ce titre : *Notice du vert de Chine et de la teinture en vert chez les Chinois, suivie d'une étude des propriétés chimiques et tinctoriales du lo-kao, par J. Persoz et de recherches sur la matière colorante des nerpruns indigènes.* A propos de cet ouvrage, qui eut un certain retentissement, le *Journal des Economistes* s'exprimait ainsi : « Nous pensons que ce livre est destiné à rester comme un des plus curieux documents qu'on puisse consulter, premièrement sur l'histoire des sciences appliquées, deuxièmement sur la civilisation de ce peuple étrange. M. Natalis Rondot, aussi versé dans la théorie des sciences naturelles que dans la pratique de leurs plus importantes applications, est peut-être, en outre, l'homme de France qui connaît le mieux les habitudes et les ressources industrielles du Céleste Empire, où il fut envoyé en 1844 comme membre de la délégation commerciale attachée à l'Ambassade française. La Chambre de commerce de Lyon ne pouvait donc trouver personne qui plus que lui fût capable de rassembler, d'exposer et de disposer tous les documents propres à guider les investigateurs, ainsi qu'à jeter une vive lumière sur un des faits les plus curieux qui se soient produits de notre temps dans le domaine des sciences appliquées. »

Peu après, Rondot procédait à la réorganisation de la bibliothèque de la Chambre de commerce ; il établit une classification nouvelle et rédigea le catalogue, qui comprenait 2.700 ouvrages à la fin de l'année 1858. C'est vers cette époque qu'il fut chargé par la Chambre de commerce du projet d'une institution qui devait devenir plus tard une des gloires de la ville de Lyon et jeter un éclat ineffaçable sur la carrière de l'éminent économiste. Depuis longtemps, avec le merveilleux épanouissement de la fabrique lyonnaise, le besoin d'un musée d'art industriel se faisait sentir. Réunir les plus beaux spécimens d'étoffes anciennes auprès desquels viendraient s'inspirer les dessinateurs et les artistes, conserver les types les plus parfaits de la fabrication moderne, telles étaient les bases essentielles de la nouvelle institution.

En 1856, Rondot avait été envoyé par la Chambre de commerce en Angleterre, en Belgique, en Prusse avec mission d'étudier les musées d'industrie et toutes les questions qui s'y rattachent. Dans la séance du 9 août 1857, il avait rendu compte de sa mission. Quelque temps après, une exposition des trésors de l'art s'ouvrit à Manchester. La Chambre du commerce y délégua deux de ses membres MM. Arlès-Dufour et Meynier qui s'adjoignirent M. Bonnefond, directeur de l'école des Beaux-Arts de Lyon et M. Jean Tisseur, secrétaire de la Chambre. Cette mission donna lieu à plusieurs rapports. « Cependant, ainsi que l'expose le président de la Chambre, si l'on était d'accord sur l'ensemble du projet, on l'était moins sur le caractère particulier et le mode de formation du musée. La question d'organisation restait pendante ». N. Rondot fut de nouveau appelé et prié d'exposer et de fixer le plan d'une organisation définitive. Il se remit au travail, fit un second voyage à Londres et présenta à la Chambre de commerce un rapport qui fut lu dans la séance du 27 septembre 1858.

Ce rapport contenait un projet de musée destiné à représenter toutes les manifestations de l'art et comprenant trois divisions : *le département de l'art*, composé de tableaux de fleurs et d'ornements, de moulages, de photographies, de reproductions en galvanoplastie ; *le département de l'industrie*, réservé aux matières premières, aux tissus, au matériel de fabrication ; *le département historique*, contenant des dessins d'anciens maîtres lyonnais, des dessins ou des modèles de métiers anciens. N. Rondot avait souhaité que le musée fût ouvert à toutes les branches de l'industrie lyonnaise, et ce département historique aurait également compris des spécimens d'œuvres de maîtres es-arts dont Lyon s'est honoré. Ce tableau du Lyon artiste lui a inspiré cette belle page :

Lyon avait déjà, sous la domination romaine, des fondeurs, des ciseleurs et des potiers fameux ; il était fier de ses monnaies. Au Moyen-Age, il était renommé pour l'orfèvrerie d'église, le travail au repoussé, la sellerie et ces ouvraisons délicates et si diverses de l'or trait, pour lesquelles il devait bientôt l'emporter sur Damas, Chypre et Milan ; l'argue date du règne de Charles VII, et, sous Louis XIV, le Père Sébastien réussit à donner aux filières une précision et des qualités dont nos tireurs gardent le secret. La dinanderie eut à Lyon son berceau ; la typographie y fut importée trente ans après sa découverte, et les livres imprimés, dès 1473, chez Barthélemy Buyer, par Guillaume Le Roy, sont estimés à l'égal de ceux qui sortirent, au XVIe siècle, des presses de Sébastien Gryphe, de Jean de Tournes, de Guillaume Roville et des Frellon. La gravure en bois et la reliure étaient portées alors à un très haut degré de perfection, et l'on employait au XVe siècle un papier d'une admirable qualité, qui était fait à Lyon même. L'imprimerie lyonnaise entreprit la première de joindre aux livres de larges estampes gravées sur cuivre (1488), et Holbein fit pour les Trechsel les dessins de cette célèbre *Danse des Morts*, qui eut ici huit éditions, de 1538 à 1549. Le XVIe siècle vit fleurir la grosserie, la joaillerie, la serrurerie, la passementerie ; c'est à cette époque que les arts et les industries de l'Italie vinrent s'ajouter aux nôtres, que Vulpio introduisit la filature et le tissage du coton (1543), que des Génois établirent des fabriques de faïence, de fleurs artificielles et de savon, que le lorrain Pierre Woeiriot fit, dans le goût italien, tant de bijoux charmants (1560). Lyon reçut, en 1580, du Piémont, la fabrication du basin et de la futaine, qui occupait, peu d'années après, plus de deux mille maîtres ouvriers. Louise Labé excellait à *peindre avec l'esguille* (1550). Nos fondeurs racheveurs et doreurs des deux derniers siècles étaient réputés les plus habiles. Pierre Rigat obtint, le 11 mars 1666, pour nos savonneries mises en possession de ses procédés nouveaux, le privilège exclusif d'approvisionner la France. La chapellerie du feutre de castor, pour laquelle Londres était sans rival, devint à la fin du XVIIe siècle, grâce à Etienne Mazard, une de nos plus florissantes industries; la fabrication des boutons, enlevée également à l'Angleterre, vers 1756, par Paul Le Cour, dut ses progrès principaux à Louis-Antoine Mouterde. L'an 1772 fut marqué par l'invention des paillons, 1789 par la création du premier atelier de construction de machines, et 1790 par le succès des essais monétaires de Jean-Marie Mouterde, père du précédent, qui avait trouvé le moyen de monnayer le métal de cloches.

Une bibliothèque technique d'ouvrages d'art devait être jointe au musée. Le rapporteur, avec beaucoup de bon sens et de prudence, estimait que l'on devait débuter modestement et s'appuyer sur l'expérience acquise jour par jour par le développement des différentes sections. Il ajoutait que beaucoup de questions de détail ne pouvaient être résolues qu'avec le temps, il concluait enfin en ces termes :

La patrie de Philibert de Lorme, de Jacques Stella, de Coysevox, des Coustou, de Gérard Audran et de Jacquard a dans son sein les éléments de tous les progrès. Le génie de l'invention y est sans cesse en éveil; la distinction et la perfection du travail ne s'y sont jamais démenties. L'imagination des dessinateurs et la science des fabricants ne le cèdent ni à l'esprit ardent d'entreprise des commerçants, ni à l'habileté réfléchie des ouvriers. L'intelligence, l'activité et la probité sont des vertus communes, et par les grandes manufactures qui ont résolu, avec les métiers mécaniques, le problème d'allier l'exécution correcte au bon marché, Lyon peut soutenir victorieusement la lutte pour la fabrication courante avec l'industrie étrangère. La mode, cette impérieuse maîtresse, n'a jamais trouvé Lyon soumis servilement à ses caprices; elle reçoit, dans ce milieu artiste, pour les étoffes de soie, comme à Paris, pour les objets de toilette, de fantaisie et de luxe, ces corrections habiles qui tempèrent ses extravagances et donnent un cachet d'élégance, même à des bizarreries fugitives. A tant d'heureux dons, à des traditions et à des conquêtes éprouvées par le succès, il faut ajouter des moyens nouveaux : le musée d'art et d'industrie est un de ces moyens. Mais le système de la grande industrie, l'enseignement élevé et varié de l'Art et de la Science, l'étude des beautés éternelles de la création, le constant effort vers un goût plus pur et un plus noble idéal, voilà les meilleures armes pour fortifier et défendre une position que trois siècles de suprématie ont rendue glorieuse.

La lecture de ce rapport fut entendue par la Chambre avec le plus vif intérêt et la création d'un musée d'art et d'industrie fut votée (1). Elle décida aussi que le rapport serait imprimé à ses frais et l'impression confiée à Louis Perrin. Ce travail dans lequel N. Rondot avait mis un peu de son âme et tant de science et de lumineux aperçus, montre tout son attachement pour sa nouvelle patrie. Il fut, pour Louis Perrin, l'objet d'une de ses plus belles publications et forme une superbe plaquette in-4, enrichie de bandeaux,

---

(1) Le plan primitif, tracé par Rondot, ne put être conservé. On lit dans le *Compte rendu des travaux de la Chambre de commerce, année 1890 :* « Lorsqu'en 1864, la Chambre de commerce fondait le Musée d'art et d'industrie, sa pensée était de créer un musée de modèles appliqués à toutes les industries lyonnaises ayant un caractère artistique. Tel fut le programme suivi pendant un certain nombre d'années. La Chambre ne tarda pas à reconnaître que les ressources et surtout les locaux dont elle disposait ne répondaient pas à un programme séduisant mais trop vaste.....

« La Chambre fut donc amenée à penser qu'il convenait de réserver exclusivement le Musée d'art et d'industrie à la grande industrie des soieries, de le spécialiser, afin d'en faire un établissement hors de pair pour le plus grand profit de l'enseignement technique et artistique de nos fabricants et de nos ouvriers. »

Les locaux du Musée furent agrandis et transformés. Par suite d'une entente avec les musées de la ville, ceux-ci cédèrent à la Chambre de commerce ce qu'ils possédaient en vieilles étoffes contre des objets d'art, principalement des céramiques. Le Musée prit le nom de Musée historique des tissus ; les nouvelles salles furent solennellement inaugurées le 28 mai 1891, par M. de Lanessan, gouverneur général de l'Indo-Chine.

de fleurons, de culs-de-lampe dessinés par le célèbre imprimeur. Nous ne nous arrêterons point aux nombreux témoignages et félicitations que l'auteur reçut à cette occasion, nous en excepterons toutefois une intéressante lettre du peintre Saint-Jean.

« Lyon, 9 mars 1859.

« Mon cher Monsieur,

« J'ai reçu ces jours derniers votre remarquable rapport sur un musée d'industrie à Lyon, ainsi que votre bienveillante lettre du 6 de ce mois. Je suis véritablement bien touché de ces témoignages de sympathie dont vous m'honorez.

« Votre rapport m'a fait un plaisir extrême. Vous avez mis à jour d'une manière si claire, si précise et si élégante les entreprises de nos rivaux, le prompt développement de leurs moyens d'amélioration par l'enseignement et les nouveaux musées, que c'est fait pour nous décourager, et, s'il nous reste du sang dans les veines, pour nous faire sortir de notre état de douce quiétude sur nos succès passés. Le Musée d'art industriel est un grand moyen, vous l'avez compris et développé admirablement; je tâcherai de faire pour lui tout ce que je pourrai, mais comme vous le dites très bien dans votre lettre, les bibliothèques et les musées ne suffisent pas pour faire seuls des hommes supérieurs, il faut l'enseignement et le travail. Ces questions difficiles à trancher recevront de vous, je n'en doute pas, des avis salutaires; votre position vous permettra d'éclaircir bien des points sans qu'on puisse donner une fausse interprétation.

« J'ai su hier que votre rapport avait produit une grande sensation dans le monde administratif, que l'approbation était unanime et que le commerce avait aussi donné son adhésion pleine et entière à vos idées si justes et si précises. Nous devons nous féliciter d'avoir pour interprète de notre situation un homme de votre mérite, qui épouse si chaudement les intérêts et la gloire de notre Ville; vous avez toutes nos sympathies et particulièrement celles de celui qui est avec la plus vive reconnaissance,

« Votre très humble serviteur,

« SAINT-JEAN. »

*
* *

C'est à partir de 1850, époque à laquelle Rondot fut désigné pour représenter à Paris la Chambre de commerce de Lyon, qu'il commença ses travaux sur la soie et les manufactures de soieries. En 1851, il présentait au Conseil supérieur de l'agriculture, des manufactures et du commerce un rapport sur l'industrie des soies et soieries. Un autre rapport sur le même sujet, établi pour servir de base au traité de commerce avec l'Angleterre (1860), eut deux éditions, en 1860 et 1862 (1). Son rapport sur l'Exposition universelle de Vienne en 1873 est une véritable monographie et présente une vue d'ensemble de l'industrie soyeuse dans le monde entier.

Les vers à soie, les cocons, les soies, la fabrication, les centres de production, toutes les phases de cette merveilleuse mise en œuvre défilent sous nos yeux avec une incomparable clarté. La science de l'économiste et du statisticien, le goût exquis de l'écrivain et de l'artiste donnent à ces études plutôt arides tout l'attrait que l'on aime trouver dans une page d'histoire imagée. Ce rapport, publié en 1874, fut réédité, considérablement augmenté, en 1875, par la Chambre de commerce de Lyon, sous le titre : l'*Industrie de la Soie*.

C'est encore à la généreuse initiative de la Chambre de commerce que l'on doit la publication du très important

---

(1) Rondot fut l'un des six commissaires délégués par le Gouvernement pour le traité de commerce avec l'Angleterre. Il prit une part active aux délibérations et ses services furent hautement appréciés par le cabinet de Saint-James et le ministère du Commerce.

ouvrage *Les Soies*, paru en 1885 et 1887. Le canevas primitif était le rapport de Rondot pour l'Exposition universelle de 1878. En ces deux volumes, il a édifié, à l'aide d'innombrables matériaux, l'histoire technique de la soie. Le premier volume traite des soies provenant des vers domestiques du mûrier; de l'origine de la sériciculture dans les pays où se pratique l'élevage des vers à soie; de la statistique de la production et des propriétés spéciales à chaque variété et à chaque pays. Le second volume est, par le fait, un traité d'entomologie. Rondot, devenu naturaliste par amour de sa tâche et qui tient à se documenter en tout et pour tout, étudie les soies des vers sauvages et en particulier ces curieux animaux, dont il décrit les nombreuses espèces, originaires pour la plupart de l'Extrême-Orient. Nous remarquons encore avec quelle consciencieuse assiduité il employa son long séjour en Chine; on retrouve dans ce savant ouvrage la quintessence des très nombreuses notes prises à ce moment.

Enfin, à l'occasion de l'Exposition universelle de Lyon, en 1894, Rondot publiait sous le titre : *L'Industrie de la soie en France*, un excellent précis de l'histoire de la soierie restreinte à notre pays.

L'auteur expose très rapidement les origines de la soie, ses différentes transformations; elle devient trame ou organsin; puis teinte, dévidée, ourdie, passe sur le métier pour renaître velours ou taffetas, faille ou ruban, brocart ou humble marceline. Ensuite, c'est l'introduction du tissage à Lyon et le développement de ses manufactures. Cet ouvrage, malgré sa documentation soutenue, se présente comme une ingénieuse vulgarisation.

Rondot avait étudié également toutes les questions relatives au titrage des soies. En 1873, il avait été délégué par les filateurs français au Congrès pour le numérotage des fils; en 1879, il fut nommé par le ministre du Commerce membre de la commission chargée d'étudier le conditionnement des tissus de soie. Dès l'année 1850, il prit part aux travaux de la Condition des soies de Lyon. En 1884, il proposa à la Chambre de commerce d'organiser à Lyon un laboratoire d'études des vers à soie et des soies; ce projet fut adopté. On sait quels importants services cette institution a rendus à la sériciculture, sous l'intelligente et active administration de M. Joseph Testenoire, directeur actuel de la Condition des soies.

La Chambre de commerce a fait frapper il y a quelques années une médaille « destinée à porter le témoignage des services rendus à l'industrie lyonnaise » ; le 21 septembre 1892, cette médaille fut offerte à N. Rondot, accompagnée d'une lettre du président de la Chambre de commerce, appréciant ainsi l'œuvre de son éminent et dévoué collaborateur : « L'ancienneté des relations que notre Chambre a cultivées avec vous, la courtoisie dont vous avez constamment usé avec elle, la distinction avec laquelle vous avez collaboré pendant près de trente ans à ses travaux, le concours que vous avez prêté pour l'organisation des expositions lyonnaises, les nombreuses publications que vous avez faites sur l'industrie de la soie, et enfin les services que vous lui rendez encore comme président de la 4e section de la Commission permanente des valeurs de douane, voilà, Monsieur, autant de liens entre vous et notre Chambre. »

*
* *

Nous avons vu que Rondot avait collaboré aux expositions partielles de Bruxelles, en 1847, de Paris en 1849, et pris une part importante aux expositions universelles de Londres, en 1851, et de Paris, en 1855. Depuis lors, nous le trouvons au nombre des principaux organisateurs dans toutes ces grandes manifestations de l'activité humaine.

A l'Exposition portugaise de Porto, en 1865, il est un des deux délégués de la France et membre du jury. Les services qu'il rendit en cette circonstance furent hautement appréciés. L'année suivante, en 1866, il était envoyé à Lisbonne auprès du ministre de France pour l'assister dans la négociation d'un traité de commerce et de navigation avec le Portugal. En 1867, à l'Exposition universelle de Paris, la Chambre de commerce de Lyon lui confia l'organisation de l'exposition de la soierie; il fut en outre membre du jury. En 1869, il est nommé membre de la commission d'organisation de la section française à l'Exposition maritime internationale de Naples.

Lors de l'Exposition universelle de Vienne, en 1873, il est encore chargé de l'exposition collective de la soierie lyonnaise; les chambres de commerce de Saint-Etienne et de Tarare lui confient également l'exposition des produits de l'industrie du tissage de ces deux villes. Il fut président du jury de la classe des soies et soieries. En 1878, à Paris, il remplit les mêmes fonctions. En 1879, il est nommé membre de la commission d'organisation de la section française à l'Exposition internationale de Sidney. Enfin, en 1889, à Paris, Rondot, de concert avec M. Lilienthal, préside à l'installation de la soierie lyonnaise et remplit les fonctions de président du jury à la section des soies. Comme juste récompense à cette longue suite de travaux, il était promu commandeur de la Légion d'honneur le 29 octobre de la même année.

* * *

La Commission permanente des valeurs de douane à laquelle Natalis Rondot apporta une si large, si constante collaboration, a été établie définitivement en 1848. Dès cette époque, il fut nommé membre et secrétaire de la 4e section qui comprenait les industries fondées sur la production et l'emploi des matières textiles. En 1849, il écrivit une série d'études très documentées sur la révision des valeurs officielles en France, en Belgique et en Angleterre, qui parurent dans le *Journal des Economistes* et dans l'*Annuaire de l'Economie politique*. En 1857, il fut chargé par le ministre du Commerce d'une mission pour aller étudier, à Londres et à Bruxelles, les systèmes et les procédés appliqués en Angleterre et en Belgique pour l'établissement des valeurs de douane. Peu de temps après, vers 1858, il fut sollicité par l'éditeur Guillaumin de collaborer au *Dictionnaire du commerce et de la navigation*. Malgré ses multiples occupations, il y écrivit plusieurs centaines d'articles. Le ministre du Commerce fit faire un tirage à part de l'article concernant la Commission permanente des valeurs de douane. N. Rondot qui remplit d'abord les fonctions de secrétaire, fut ensuite, pendant plus de trente-cinq ans, le président de cette même section. Dans l'espace d'un demi-siècle, il donna, au nom de la Commission, une vingtaine de volumes de rapports ayant trait au commerce, à l'industrie et au prix des matières textiles, des fils et des tissus.

Le développement de l'industrie de la soie à Moscou, très accentué depuis 1850, avait attiré l'attention des pouvoirs publics russes. Le gouvernement impérial s'empressa d'encourager ce mouvement en offrant toutes les facilités d'étude, aux artistes et aux nouvelles maisons de fabrique. La fondation d'un musée d'art et d'industrie fut décidée. Dès l'année 1862, le projet fut mis à l'étude par l'initiative de M. Victor de Boutowski, conseiller d'Etat et directeur de l'école de dessin de Moscou. Le Musée de Moscou fut établi d'après le plan tracé, en 1858, par N. Rondot pour le Musée de Lyon; il fut inauguré le 29 avril 1868. *La Gazette des Beaux-Arts* du mois de juillet de la même année contient un article dont nous détachons le passage suivant, où Rondot expose l'opportunité de cette institution.

Le Musée a été fondé dans le même but que le Musée d'art et d'industrie de Lyon. Il a été formé pour éveiller dans l'esprit du public le sentiment du beau, pour lui montrer et lui faire aimer dans l'art la distinction, l'élégance, la grâce et surtout la pureté et la mesure. Il doit compléter l'enseignement des écoles, être lui-même un foyer attrayant et actif d'enseigement, présenter aux artistes, aux dessinateurs, aux fabricants et aux ouvriers, un choix de modèles empruntés à l'art, à la nature et à l'industrie, les plus propres à former le goût et à élever l'inspiration.

Nous n'insisterons pas sur ce que le Musée de Moscou a de commun avec le Musée de Lyon; nous nous arrêterons sur l'innovation qui y a été introduite; nous voulons parler des ouvrages sur la grammaire et l'histoire de l'ornement russe.

Dans le projet du Musée de Lyon, nous avions fait entrer la publication par le musée d'un choix des œuvres d'art ou d'industrie, de toute origine et de toute époque, relevée par des ornements du style le plus franc et du goût le plus pur. Hippolyte Flandrin avait été partisan chaleureux d'une publication de ce genre, gravée ou lithographiée. Cette idée n'a pas été mise à exécution à Lyon, elle l'a été à Moscou, mais l'application a été restreinte à l'art russe.

En Russie, les ornements procèdent de deux sources opposées : les uns du goût occidental, français ou allemand; les autres du goût national. Les premiers suivent le mouvement incessant qui s'opère dans leur pays d'origine, ils ont l'instabilité de nos modes; les seconds sont, en quelque sorte, invariables, mais, tandis que, parmi ces derniers, il y en a qui se rapprochent du style byzantin, d'autres portent le cachet asiatique, d'autres encore ont le caractère de l'art russe proprement dit.

Dans les deux cas, les artistes et les fabricants russes sont presque toujours des copistes. Ce n'est ni l'intelligence, ni l'habileté qui leur manque, c'est l'éducation.

C'est cette éducation en matière d'art qu'on veut donner aux fabricants russes et à leurs coopérateurs artistes. L'école ne suffit pas, le musée la complète, et le musée a cette autre utilité d'exercer dans le même sens une influence permanente sur le public.

L'art russe ancien a sa beauté, son originalité, son unité. Son caractère n'est jamais altéré par l'abondance et la merveilleuse variété d'ornements qui paraissent quelquefois procéder de styles différents. Nous ne connaissons pas cet art, ou plutôt nous le confondons avec l'art byzantin. Le directeur du Musée de Moscou a voulu mettre en présence de cet art, qui a marqué de son empreinte tant de monuments célèbres, des hommes préparés par un enseignement solide et élevé, et par l'étude du grand art.

L'ouvrage que Rondot avait présenté avec sa haute conception des besoins d'une industrie d'art a été entrepris peu de temps après. Vers 1870, il était chargé par le Conseil des curateurs du Musée de Moscou, dont il était membre honoraire, de diriger la publication de l'histoire de l'ornement russe du xe au xvie siècle, dont M. de Boutowski avait jeté les principales bases. N. Rondot devint son collaborateur, complétant ses recherches et surveillant, à Paris, l'impression de cette immense monographie qui forme deux volumes in-f° et contient cent planches en couleur et cent en camaïeu. Le travail dura trois ans et demi; il fut terminé en 1872. (1).

---

(1) En souvenir des services rendus, à cette occasion, à la ville de Moscou par N. Rondot, le gouvernement russe, d'accord avec l'administration du Musée, fit placer dans l'une des salles son portrait en mosaïque.

*
* *

Natalis Rondot se retira des affaires actives en 1869. Ses fonctions de représentant à Paris, de la Chambre de commerce de Lyon, qu'il exerça jusque vers l'année 1885, sa participation aux différentes expositions qui se succédèrent depuis, lui laissèrent de nombreux loisirs. A dater de cette époque, nous le voyons donner une orientation bien différente à ses travaux. La maturité de l'âge avait calmé son ardeur pour les grandes entreprises; son penchant très vif pour les questions économiques s'était atténué, il se retrancha dans des études plus paisibles. L'art, l'amour de l'art, à qui tant de grandes intelligences doivent le calme et le repos, l'art enfin attira cet esprit si ouvert, si accessible au beau sous toutes ses formes.

Mais dans les travaux d'érudition comme dans toute entreprise, il fallait savoir se borner. Avec cette sûreté de vue qui le caractérisait, Rondot eut vite fait de trouver sa voie. Déjà, à l'instigation de son ami, le marquis Léon de Laborde, qui l'avait vivement poussé à entreprendre l'histoire de l'art à Lyon, il avait réuni de nombreux documents. Dès l'année 1850, ainsi qu'il nous l'apprend dans la notice sur ses ouvrages, parue en 1893, il commença des recherches dans les archives de Paris, de Lyon, de Troyes et de Dijon. Il se remit à explorer patiemment les riches archives du Rhône; les ouvrages dont nous allons nous occuper ont pour base documentaire environ cent vingt mille extraits de pièces originales (1).

(1) Nous avons vu que, dès sa jeunesse, Rondot était porté naturellement à l'étude ; le travail a toujours été sa plus agréable distraction. Au cours de sa laborieuse carrière, nous avons signalé

C'est donc à l'étude des origines de l'art à Lyon, à l'histoire des artistes lyonnais ou ayant travaillé à Lyon que Rondot consacra les dernières années de sa vie (1).

Cet impérissable monument élevé à la gloire de Lyon comprend une quarantaine de monographies, publiées de 1880 à 1900 ; une notable partie a paru dans la *Revue du Lyonnais ;* ces études peuvent se diviser en trois séries :

1° Histoire de l'art à Lyon du XIVe au XVIIIe siècle ;

2° Statistique ou nomenclature des artistes et ouvriers d'art, originaires de Lyon ou ayant travaillé dans cette ville ;

3° Monographies de sculpteurs, peintres, médailleurs, orfèvres, potiers, graveurs d'estampes et de médailles, faïenciers, relieurs, peintres sur verre, avec la description et le catalogue de leurs œuvres.

Analyser les ouvrages de N. Rondot dépasserait le cadre de cette modeste biographie ; nous nous bornerons à exposer brièvement les principaux sujets traités et à en faire connaître les grandes lignes.

---

de nombreux travaux exécutés malgré de très absorbantes occupations professionnelles. C'est ainsi que, de 1862 à 1866, il publia dans le *Magasin Pittoresque* une série d'articles sur les timbres-poste. Le premier, (juin 1862) débute par un préambule exposant l'origine des taxes postales et des timbres. Puis, dans cette longue suite de cinquante-trois articles, Rondot étudie et décrit les timbres de presque tous les Etats du monde ; on en compte cent douze. Chaque Etat forme une notice distincte, contenant un court résumé de son régime postal, la date des premiers timbres, et la nomenclature de toutes les émissions faites jusqu'à cette époque. Ces articles sont accompagnés de 460 gravures, reproduisant les principaux types de timbres ; leur ensemble formerait un volume, de format moyen, d'environ 200 pages.

(1) Nous mentionnerons aussi plusieurs petites monographies sur les peintres, les sculpteurs, les graveurs et les orfèvres de Troyes, parues de 1887 à 1898. Ce sont, en général, des études de statistique et d'une bien moindre importance que les travaux se rapportant à la ville de Lyon.

Un penchant très accentué et des aptitudes spéciales pour la numismatique portèrent N. Rondot à faire une large part aux études concernant l'art de la gravure ou de la fonte des médailles, la vie des médailleurs et la description de leurs œuvres. Ses travaux de numismatique lui ont acquis une haute notoriété dans le monde savant. Il s'est principalement occupé des artistes lyonnais, mais les médailleurs français lui étaient familiers, et nous verrons plus loin qu'ils ont été l'objet d'un important travail posthume.

Les seules monographies de médailleurs lyonnais sont au nombre de dix. Plusieurs d'entre elles se présentent sous la forme d'études très complètes et, comme le fait observer M. H. de La Tour (1), « d'études nettes, condensées, nourries de documents, aboutissant toujours à des conclusions fermes et définitives ».

La première en date de ces notices, *Les Graveurs du nom de Mouterde*, parut en 1880. La famille Mouterde, originaire de l'Auvergne, établie à Lyon vers 1740, produisit une longue suite de modeleurs, de fondeurs et de graveurs en médailles. L'un d'eux, Jean-Marie Mouterde (1748-1793), graveur, modeleur et fondeur, était à la tête d'une importante maison de fonderie de bronze et d'un atelier de gravure célèbre (2).

En 1790, l'Assemblée constituante, pour remédier à la pénurie de la monnaie de cuivre, ordonna la fonte des cloches des couvents, pour convertir le métal en monnaie. L'entreprise était difficile, le métal trop cassant présentait des difficultés insurmontables.

---

(1) *Revue numismatique*, 1901, p. 126. *Notice sur Natalis Rondot.*

(2) Mme Natalis Rondot, par sa mère, Mme Bizot, née Mouterde, est l'arrière-petite-fille de Jean-Marie Mouterde.

Le problème fut résolu par Jean-Marie Mouterde. Les belles médailles à l'effigie de Mirabeau, et au buste de la Liberté, toutes deux gravées par André Galle, et sortant des ateliers de Mouterde, montrent à quel degré de perfection était arrivé l'artiste lyonnais. Plus tard, pendant le siège de Lyon, Mouterde prit part à la fabrication de la monnaie obsidionale en métal de cloches. Il ne fut fait que des pièces d'essai qui sont devenues fort rares aujourd'hui. Rondot a pu à grand peine en cataloguer 24 variétés ; ces pièces ne se trouvent, en général, que par unités. Elles devaient être fabriquées soit avec du métal de cloche, soit avec des canons hors d'usage, soit avec des métaux de peu de valeur. Jean-Marie Mouterde, ardent patriote comme toute la bourgeoisie lyonnaise, se battit pour la liberté et prit une part active à la défense de Lyon. Après le siège, dénoncé, emprisonné, il fut guillotiné sur la place des Terreaux.

Trois ans après, en 1883, paraissait une nouvelle monographie : *Jean Marende et la médaille de Philibert le Beau et de Marguerite d'Autriche.* Lorsque le duc de Savoie Philibert le Beau et sa jeune femme Marguerite d'Autriche firent leur entrée à Bourg, le 2 août 1502, les syndics de la ville leur offrirent une superbe médaille à leur effigie. « Cette médaille si élégante, dit N. Rondot, est un des ouvrages de la Renaissance les plus dignes de remarque. Elle a un caractère qu'on peut dire nouveau, tant elle diffère, par le dessin, le modelé et l'exécution de cette nombreuse suite de médaillons, dont les auteurs, tous italiens, appartiennent de près ou de loin, à l'école de Pisano. La grande médaille de Louis XII et d'Anne de Bretagne, œuvre très française de toute façon, qui n'a précédé celle dont nous parlons que de deux ans, n'offre non plus avec elle que trop peu de traits communs pour qu'on puisse voir dans le médailleur inconnu jusqu'à ce jour, que nous avons à faire connaître, un imitateur des deux sculpteurs lyonnais, auteurs de cette médaille.

« On a toujours regardé la médaille de Philibert le Beau et de Marguerite d'Autriche comme ayant été faite par une main italienne, mais on n'a trouvé aucun maître auquel on put l'attribuer. Elle présente des singularités qui n'ont pas encore été signalées.

« Il nous a paru que ce charmant monument de l'art des premières années du seizième siècle avait une valeur assez haute pour justifier la recherche de son auteur et la description des états divers et si peu connus sous lesquels on rencontre cette pièce, dont la rareté augmente le prix. »

Dans une courte et substantielle dissertation, N. Rondot démontre, à l'aide de documents des archives de l'Ain, que cette médaille est française. Elle a été modelée et coulée par Jean Marende, orfèvre de Bourg-en-Bresse, mais avec l'aide d'un praticien lyonnais ; quel est-il ? Les pièces d'archives qui mentionnent son intervention ne le nomment pas. L'exemplaire offert aux souverains était d'or ; il est perdu aujourd'hui. On connaît, en originaux, deux exemplaires d'argent et N. Rondot décrit vingt-huit exemplaires de bronze, disséminés dans des collections publiques et particulières de France, d'Italie, d'Autriche, de Belgique et d'Angleterre.

Les médailles offertes par le Consulat lyonnais lors des entrées solennelles d'Anne de Bretagne et de Charles VIII, en 1494, et d'Anne de Bretagne avec Louis XII, en 1499, font l'objet d'une très intéressante étude pour l'histoire lyonnaise : *La médaille d'Anne de Bretagne et ses auteurs Louis Lepère, Nicolas de Florence et Jean Lepère* (1885). La médaille de 1494 présente une particularité curieuse. « C'est, dit

N. Rondot, la première médaille avec effigie et gravée qui a été faite en France; elle fut offerte par le Consulat de Lyon à la reine Anne de Bretagne le jour de la première entrée de cette princesse à Lyon, le 15 mars 1494. Cette médaille était d'or. Elle fut frappée par des monnayeurs de la monnaie de Lyon, et c'est à son sujet que le mot *médaille* fut employé pour la première fois. Les coins de cette pièce furent gravés à Lyon par deux orfèvres de Lyon, par Louis Lepère et Nicolas de Florence ».

Ces deux artistes étaient à peu près inconnus. N. Rondot a trouvé dans les archives de Lyon des documents qui les mettent en lumière et qui nous apprennent dans quelles conditions fut exécuté le présent fait par la ville aux souverains. L'auteur décrit treize exemplaires de cette pièce : deux d'or, sept d'argent et quatre de bronze.

A la suite de cette monographie, se trouve une intéressante notice sur la médaille offerte peu de temps après à Anne de Bretagne, accompagnée de Louis XII. C'était une pièce coulée et non frappée, de très grand module, 115 millimètres de diamètre. Elle était d'or, fut modelée par Nicolas Leclerc et Jean de Saint-Priest et coulée par Jean Lepère. On ne connaît aucun exemplaire original de cette belle médaille. N. Rondot cite et décrit une soixantaine d'exemplaires de fonte ancienne, reproduits sans doute d'après l'exemplaire, aujourd'hui disparu, que le Consulat s'était réservé.

Nous ajouterons qu'il existe de cette médaille et de celle de Philibert le Beau et Marguerite d'Autriche des surmoulages modernes.

De 1885 à 1892 parurent les monographies de Jacob Richier, Nicolas Bidau, Claude Warin, Lalyame, Hendricy, Mimerel, Jéronyme Henry, sculpteurs, graveurs et médailleurs. Tous ces artistes ont travaillé et séjourné à Lyon ; tous ont produit des pièces intéressantes pour l'histoire locale (1).

Il s'était formé à Lyon, au XVIIe siècle, dit N. Rondot (2), une petite école de médailleurs. Ces médailleurs ont été des modeleurs de médaillons. Ils se sont produits après Dupré, dont ils procèdent, mais auquel le plus habile d'entre eux est de beaucoup inférieur ; ils ont été surtout des portraitistes. Presque tous les médaillons qu'ils ont signés n'ont pas de revers, ces médaillons n'ont pas, en général, ce caractère conventionnel, un peu solennel, un peu sévère, qui est pour ainsi dire propre à la médaille.

Un de ces médaillons les plus remarquables représente les traits de Marie Vignon, marquise de Treffort, qui fut l'amie et ensuite la seconde femme du maréchal de Lesdiguières ; la pièce est signée I. R. F., 1613. L'auteur en était inconnu. N. Rondot est arrivé à identifier ces initiales avec le nom de Jacob Richier, sculpteur. Cet artiste était né en Lorraine vers 1585 ; il habita à Lyon, à Grenoble et à Vizille. Il était au service de Lesdiguières ; on lui attribue les sculptures du monumental château que le maréchal fit construire à Vizille de 1611 à 1620. Jacob Richier vint à Lyon en 1619 et 1631 ; on lui doit les mausolées de Jacqueline de Harlay, marquise d'Halincourt et de Charles de Neufville, son époux, dans l'église des Carmélites ; il mourut en 1641. On ne cite pas d'autre médaillon de cet artiste. De cette belle pièce il existe deux exemplaires : l'un au cabinet de France, l'autre dans la collection des PP. Jésuites de Lyon.

Nicolas Bidau, sculpteur, naquit à Reims en 1622. On le trouve établi à Lyon en 1660 ; il y mourut en 1692. Il

(1) Voir à la bibliographie le titre et la date de ces opuscules.

(2) *Nicolas Bidau, sculpteur et médailleur à Lyon*, p. 3.

exécuta de nombreux travaux de sculpture à l'abbaye de Saint-Pierre, aux Carmélites, aux Jacobins et dans plusieurs maisons particulières. Comme médailleur, il a laissé une belle série de médaillons. Tout en restant inférieur à Warin, ses œuvres sont dignes d'intérêt. On y remarque les portraits de Camille et Nicolas de Neufville, des échevins Baglion, André, seigneur de Fromente, de Pomey, Ferrus, de Ponsainpierre, Michel, Thomé, etc. Son œuvre se compose d'une vingtaine de pièces.

Jacques Gauvain appartenait à une ancienne famille lyonnaise; il était orfèvre, graveur et médailleur. Il fut employé quelque temps à la monnaie de Grenoble; il vint à Lyon vers 1520 et exerça le métier d'orfèvre. Il a fait des médailles modelées et coulées; très peu de ces pièces ont été conservées. On connaît trois médailles à son effigie, une à l'effigie de Marguerite d'Autriche. Son œuvre maîtresse est la grande médaille (125 millimètres de diamètre) offerte par le Consulat de Lyon au dauphin François, le 22 mai 1533. On n'en connaît qu'un seul exemplaire de bronze — celui offert était d'or — faisant partie de la collection de M. Chabrières-Arlès. Cette médaille représente à l'avers un enfant nu, à cheval sur un dauphin qui nage sur les flots ; au revers, les armes de Lyon dans un écusson d'une rare élégance, entourées d'une banderole avec une devise sur deux lignes. Elle rappelle les belles pièces florentines.

On a souvent attribué à Jean Warin, graveur général des monnaies de France, les médailles ou médaillons signés Warin. Il y a pourtant une distinction à faire. Outre Jean II Warin et François Warin, également graveurs de monnaies et médailles, il a existé un quatrième Warin, Claude Warin qui passa à Lyon les dernières années de sa vie et qui a exécuté dans cette ville une œuvre assez considérable. Il fut le promoteur de cette petite école dont il a été question plus haut. Avant les recherches de Rondot, cet artiste n'avait jamais été signalé. On ignore le lieu et la date de la naissance de Claude Warin; on le trouve à Lyon en 1647. Il fut chargé par le Consulat, en 1651, de modeler les quatre grands médaillons représentant Henri IV, Louis XIII, Louis XIV et la reine Marie-Thérèse, encastrés dans la façade de l'Hôtel de Ville et qui disparurent en 1793. N. Rondot attribue à Claude Warin soixante-dix-neuf pièces, médailles ou médaillons; les personnages lyonnais s'y trouvent représentés en grand nombre. Ce sont plusieurs membres de la famille des Villeroy, de nombreux échevins, des officiers de la Ville, des magistrats du présidial.

Tout habile qu'il a été, Claude Warin, ajoute son biographe, ne peut cependant pas être mis bien haut parmi les maîtres dans l'art charmant où Jacob Richier a su atteindre à l'élégance et Guillaume Dupré à la grandeur. Il est bien inférieur à Jean Warin ; cependant il avait un talent réel, et ce talent très personnel paraît dans quelques uns de ses médaillons. S'il est resté loin de Dupré, ses imitateurs lyonnais sont restés, à leur tour, loin de lui. Mais ce groupe de médailleurs lyonnais, groupe unique dans l'histoire de cet art en France, ne saurait être oublié. Ces maîtres ont fait un effort très méritoire; leur exemple ne fut pas suivi.

Les médaillons de Claude Warin sont rares; il n'existe de la plupart d'entre eux que deux ou trois épreuves. Pour huit ou dix, on peut citer une vingtaine d'exemplaires. Une pièce à l'effigie de Louise Labé, signalée dans une vente publique à Lyon, en 1867, n'a pu être retrouvée.

On doit à Philippe Lalyame un certain nombre de médailles modelées et coulées. La plus importante est à l'effigie de P. de Monconys, seigneur de Liergues ; un exemplaire de bronze se trouve au cabinet de France. Lalyame était sculpteur à Lyon ; il a exécuté en 1599 et en 1600 plusieurs statues pour les églises de Saint-Jean et de Saint-Etienne.

Nicolas Hendricy était établi à Lyon en 1643. Il sculpta une statue de N. D. de Pitié, qui était placée à l'entrée de la rue Mercière, et une fontaine proche le couvent des Feuillants ; il travailla avec Mimerel aux sculptures de l'Hôtel de Ville. Il est l'auteur de l'une des grandes médailles représentant la façade de ce monument et de deux médaillons, portraits du duc de Villeroy et de Camille de Neufville, archevêque de Lyon.

Le nom de Mimerel est resté populaire par ses beaux ouvrages de sculpture, entre autres la Vierge érigée en 1659 sur le « pont de Saône » et qui se trouve actuellement dans l'église de l'Hôtel-Dieu. Il contribua pour la plus grande part aux sculptures de l'Hôtel de Ville. Mimerel avait le titre de graveur ordinaire de la ville de Lyon. Il a fait plusieurs médaillons modelés et coulés : Charles Grolier, Germain Pantho, peintre, et la médaille du jubilé de Saint-Jean de 1666.

Jéronyme Henry était maître orfèvre à Lyon de 1504 à 1538 ; il a fait plusieurs ouvrages d'orfèvrerie offerts par la Ville à des personnages de marque. Il a modelé quelques médailles à l'effigie de personnages lyonnais, entre autres de Jean de Talaru et de Jacques de Vitry-Lalière, chanoines de l'église de Lyon.

N. Rondot a clôturé cette intéressante série de monographies sur les médailleurs lyonnais par une étude générale sur les graveurs de la monnaie de Lyon du XIIIe au XVIIIe siècle. Après un rapide exposé du monnayage sous les Romains, sous les rois Burgondes, l'auteur aborde les graveurs de monnaies des archevêques, du XIIIe au XVe siècle ; il a mis au jour les noms d'une vingtaine de ces artistes. La monnaie royale, établie à Lyon, dès 1413, a fourni de nombreux artistes, parmi lesquels on retrouve les noms des médailleurs plus haut cités. Une étude parue précédemment nous avait fait connaître les maîtres particuliers (directeurs) de la monnaie de Lyon.

Dans son opuscule *Les Médailleurs lyonnais,* qui contient l'historique de l'art de la médaille à Lyon, N. Rondot nous initie encore aux œuvres de plusieurs artistes : Clément Gendre (1626-1648), Louis Précaire (1656-1689), Lochey de Grandchamp (1674-1690).

Il a été dit plus haut que les médailles et médaillons, œuvres d'artistes lyonnais du XVIIe siècle, étaient devenus fort rares. Il existe de quelques-unes de ces pièces des surmoulés modernes, faits sur des exemplaires anciens plus ou moins parfaits. Nous avons vu des surmoulés, obtenus d'après d'excellents exemplaires, pouvant prêter à la confusion si l'on n'a pas les originaux sous les yeux. Pour mettre en garde les collectionneurs, N. Rondot a écrit une intéressante dissertation : *Le Diamètre des médailles coulées.* On sait que les surmoulés sont surtout reconnaissables à leur diamètre, moindre que celui des originaux. Cette petite notice indique le diamètre des originaux et des surmoulés et donne de curieux détails sur les particularités de la fonte en plomb, en laiton, en métal blanc et en bronze.

Les graveurs de vignettes et d'estampes sur bois ou sur cuivre ont fourni à N. Rondot des sujets d'étude presque aussi étendus que pour les médailleurs. Il s'est particulièrement attaché aux artistes des XVe et XVIe siècles, et à ceux qui ont contribué à l'ornementation, à l'*illustration* des premiers livres imprimés à Lyon. Pour plusieurs d'entre eux, il a découvert des documents qui permettent des attributions et des identifications que l'on n'avait jamais pu préciser jusqu'alors. De là à étudier les origines de l'imprimerie, il n'y avait qu'un pas. Et cette question, pour n'avoir été qu'effleurée, n'en ressort pas moins clairement exposée (1).

Une fois de plus nous constatons les étonnantes facultés d'assimilation de N. Rondot ; le bibliographe ne le cède en rien au numismate. Les ouvrages que nous allons rapidement analyser démontrent des connaissances très étendues en iconographie et en bibliographie (2).

Dans *les Graveurs sur bois et les Imprimeurs de Lyon au XVe siècle*, Rondot nous initie aux origines de la gravure sur bois, aux premiers essais qui furent faits à Lyon. A ce propos, il expose les débuts de l'imprimerie dans cette ville. Quelques bibliographes seraient portés à croire que l'imprimerie existait à Lyon avant 1473, époque où a paru le premier livre daté, connu sous le nom de *Compendium Lotharii*. Rondot, après de longues recherches, n'a trouvé

---

(1) Pour cette étude sur les imprimeurs lyonnais du XVIe siècle, Rondot a eu recours souvent aux savants travaux du président Baudrier. M. Julien Baudrier lui a communiqué aussi de précieux documents, ainsi que M. Léopold Delisle, administrateur de la Bibliothèque nationale.

(2) Nous devons signaler, dans ce genre de travail, la part de contribution que N. Rondot apporta à M. Claudin, le très distingué bibliographe, pour son *Histoire de l'imprimerie en France au XVe et au XVIe siècles* (5 vol. in-f°), dont le premier volume vient de paraître. Il lui avait fourni, pour le troisième volume de cet ouvrage, consacré à l'histoire de l'imprimerie à Lyon, de précieuses indications puisées parmi les nombreux documents recueillis à Lyon. En retour, M. Claudin, en correspondance fréquente avec Rondot, lui facilita ses recherches sur l'origine de l'imprimerie par l'envoi de nombreux renseignements bibliographiques.

aucun nom d'imprimeur avant 1473. Il admet que quelques petits opuscules, non datés, aient pu être imprimés à Lyon, peu de temps avant cette année, mais il estime que, jusqu'à présent, on n'a pu fournir aucune preuve d'impression lyonnaise antérieure à 1473. Après la description des livres à gravures imprimés à Lyon au XVe siècle, nous trouvons la liste des graveurs sur bois et celle des imprimeurs ayant travaillé à Lyon pendant ce temps. On compte une quarantaine de graveurs et environ 240 imprimeurs, maîtres et ouvriers. Une petite notice est affectée à chacun d'eux, avec les titres des principaux ouvrages sortis de leurs officines.

Bernard Salomon, dit le *Petit Bernard*, fut un des artistes les plus célèbres du XVIe siècle. Il naquit vers 1508, probablement à Lyon, mais sans preuve certaine.

Il travailla dans sa jeunesse à Paris et s'établit définitivement à Lyon vers 1540; il y mourut en 1560 ou 1561. Il était peintre, dessinateur et aussi graveur sur bois, *tailleur d'histoires*, comme on disait à cette époque. « Bernard Salomon, dit N. Rondot, s'était voué à la décoration du livre et il a fait cette décoration des plus attrayantes. Il y a excellé, et se plaisait à y introduire, particulièrement dans les titres, une forme architecturale imitée de l'antique ; il y associait toutes sortes de figures, de rinceaux, de fleurs, de branchages, de mascarons, de guirlandes de fruits. Cet ornement a été appliqué au meuble et à la décoration intérieure. » Il a orné un nombre considérable d'ouvrages, presque tous imprimés par Jean de Tournes; c'est à croire qu'il a travaillé exclusivement pour ce maître imprimeur. Il est impossible qu'il ait gravé les bois de toutes les vignettes qui lui sont attribuées; il en est seulement le dessinateur. Bernard Salomon avait la surveillance et la direction de l'atelier de gravure sur bois adjoint à l'imprimerie de Jean de Tournes et il s'est attaché à ce que les différents graveurs rendissent avec le même tour de main les dessins qu'ils devaient reproduire. Les vignettes des *Marguerites de la Marguerite*, 1547, des *Quadrins historiques de la Bible*, 1553, et de la *Métamorphose figurée*, 1557, sont considérées comme le chef d'œuvre du Petit Bernard.

Cette étude sur Bernard Salomon, quoique fort intéressante et très documentée n'était, dans la pensée de Rondot, qu'un premier jet. Il avait l'intention de la compléter et de la refondre; la mort ne lui en a pas laissé le temps (1)

---

(1) Nous trouvons dans la lettre suivante adressée à N. Rondot par le comte Henri Delaborde, une bien juste appréciation de cette étude sur Bernard Salomon. Les éloges adressés par M. Delaborde à son collègue de l'Institut ne sont que l'écho fidèle de la sympathie et de la haute estime dont jouissait dans le monde savant l'artiste, l'érudit, le chercheur que fut Natalis Rondot.

INSTITUT DE FRANCE

Académie des Beaux-Arts.

« *Paris, 22 janvier 1897.*

« Cher et honoré Confrère,

« Je vous remercie bien sincèrement de la bienveillante pensée que vous avez eue de m'envoyer votre récent travail sur *Bernard Salomon*, et c'est avec la même sincérité que je vous félicite d'avoir accompli, aussi profitablement pour nous tous, une tâche compliquée et, à plus d'un égard, délicate. Grâce à vous, tout ce qui concerne la biographie et les travaux d'un très aimable artiste est désormais tiré au clair; et, de plus, vos appréciations personnelles, non seulement sur les mérites de celui auquel le livre est spécialement consacré, mais aussi sur les progrès opérés avant lui et autour de lui, tout cela me paraît d'une justesse remarquable. Je vous sais un gré particulier par exemple d'avoir, à propos des *Simulachres de la mort* d'Holbein, rappelé aux uns ou appris aux autres que ces admirables petites planches marquent dans l'histoire de la gravure en bois l'époque de son apogée; d'avoir, ailleurs, si bien fait justice des préjugés relatifs à l'influence exercée au XVIe siècle, sur

Il n'en est pas de même pour la monographie de Pierre Eskrich. *Les Graveurs sur bois à Lyon au XVI*[e] *siècle*, contiennent une étude particulièrement curieuse sur ce personnage jusqu'alors presque inconnu de Pierre Eskrich (1), que N. Rondot était porté à identifier avec Jean Moni, Pierre Vase, le maître P. V. Une monographie posthume *Pierre Eskrich, peintre et tailleur d'histoires à Lyon*, nous donne le mot de l'énigme. Des documents nouvellement puisés dans les archives de Genève et de Lyon et l'étude comparative des œuvres elles-mêmes ont permis à Rondot d'affirmer qu'une seule et même personne a signé P. V., Pierre Vase, Jean Moni, et que cette personne est Pierre Eskrich. C'est un des grands mérites de N. Rondot d'avoir débrouillé cette question au milieu de laquelle de savants bibliographes s'étaient vainement débattus. Il fut aidé dans ce travail par un très distingué érudit genevois, M. Alfred Cartier, qui se propose de compléter ce travail en cataloguant l'œuvre d'Eskrich.

Eskrich était dessinateur et graveur; son œuvre est considérable. Grâce à N. Rondot, elle sera mieux connue aujourd'hui.

---

les artistes et les imprimeurs lyonnais par le prétendu nombre des italiens travaillant dans la ville; enfin d'avoir complété par tant de faits et de renseignements nouveaux ce que nous avaient appris déjà vos ouvrages précédents, notamment votre étude sur les *Graveurs sur bois, et les imprimeurs à Lyon au XV*[e] *siècle*.

« Veuillez donc, je vous le répète, cher et honoré confrère, agréer les remerciements et les vives félicitations que je vous adresse aussi cordialement que l'expression de mes sentiments de haute considération et de dévouement.

« Comte Henri DELABORDE. »

(1) Eskrich étant une forme différente du nom allemand primitif Krug : Cruche, vase (N. R.).

Les presses lyonnaises étaient, au XVIIe siècle, très nombreuses et chargées de travaux ; la décoration des livres par la gravure était devenue, à Lyon, inséparable de l'imprimerie. On ne se contentait plus de planches grandes ou petites qui représentaient, accommodés au goût français, les sujets sacrés ou profanes des livres. On avait introduit autant qu'on l'avait pu d'autres moyens d'ornementation : la marque de l'imprimeur ou celle du libraire, le frontispice, les vignettes, les portraits, les bandeaux, les fleurons, les culs-de-lampe, les lettres initiales historiées. On s'était trop habitué à donner aux livres cette parure pour y renoncer, et il fallut continuer ce travail d'enjolivures. On le fit avec ardeur au XVIIe siècle. Il est singulier que, de nos jours, on ne se soit pas appliqué plus tôt à chercher comment on a pu alimenter cette production dont l'activité nous étonne.

Ainsi s'exprime N. Rondot dans *Les Graveurs d'estampes sur cuivre à Lyon au XVIIe siècle*, et le but de l'ouvrage est la recherche des artistes qui contribuèrent à l'épanouissement de l'école lyonnaise. L'auteur a réuni cent deux notices biographiques sur les graveurs qui ont marqué leur trace à Lyon à cette époque. Beaucoup parmi eux, et non des moindres, sont nés à Lyon : Jacques Stella, Pierre Drevet, F. Cars, Jacques et Antoine Brunand, Claudine Brunand, Claudine et Antoinette Bouzonnet-Stella, Germain Audran, P-M. Ogier, Grégoire Huret. D'autres y ont acquis droit de cité : Charles et Claude Audran, Thomas Blanchet, Adrien Van der Kabel.

Deux familles d'artistes graveurs ont fait l'objet de copieuses monographies publiées à part, les Thurneysen et les Spirinx. Les Thurneysen descendaient d'une ancienne et fort honorable famille de Bâle. Jean-Jacques Thurneysen naquit dans cette ville, en 1636. Il vint à Lyon en 1656, séjourna à Turin et à Bourg-en-Bresse, et revint se fixer à Lyon en 1662. Son fils, Jean-Jacob Thurneysen, est né à Lyon, en 1668. Les Thurneysen étaient protestants; malgré cela, ils ont gravé de nombreux ouvrages religieux, des portraits, des frontispices. On doit à Thurneysen père, les planches de l'*Histoire généalogique de la maison de Savoie*, par Guichenon (1660), et de l'*Italie au temps des barbares*, par Tesauro (1663). L'œuvre de ces deux graveurs est considérable ; Rondot a catalogué 518 pièces. Selon l'usage du temps, ils étaient également marchands d'estampes. On trouve la signature I.I.T. sur un certain nombre d'estampes qu'ils n'ont point gravées, mais éditées seulement ; ce sont, en général, des sujets religieux assez médiocres.

Les Spirinx, originaires d'Anvers, s'établirent à Lyon vers 1606. Plusieurs membres de cette famille, Jean, Nicolas, Louis, travaillèrent dans cette ville pendant la première moitié du dix-septième siècle. Ils ont laissé des estampes religieuses, quelques scènes historiques, des portraits et beaucoup de titres et frontispices.

L'étude qui a pour titre *Les Peintres de Lyon du XIVe au XVIIIe siècle* est, si l'on excepte l'introduction, un travail de statistique plus qu'une *histoire* des peintres. L'introduction est une page fort curieuse sur les manifestations de l'art à Lyon. Cette étude a été lue, en 1887, à la réunion des sociétés des Beaux-Arts, à la Sorbonne. M. Henry Jouin, secrétaire-rapporteur du Comité des Beaux-Arts, apprécie ainsi, dans ce langage aimable, élégant, imagé, dont il est coutumier, le travail communiqué par N. Rondot. Ces quelques lignes nous aideront à faire mieux connaître encore l'œuvre lyonnaise de Rondot :

« M. Natalis Rondot, un des hommes qui ont le plus écrit sur les artistes provinciaux en ces derniers temps, vous a dit ce que furent les peintres de Lyon du quatorzième au dix-huitième siècle. Ces peintres sont plus nombreux que célèbres, et M. Rondot ne nous a pas caché ce qu'il pensait de l'art dans la cité lyonnaise durant les trois cents ans dont il s'est occupé. « A quelque degré que la fortune ait monté, l'usage de celle-ci est resté discret. » C'est M. Rondot qui l'a dit, et cette seule parole laisse pressentir le caractère de l'art dans la ville de Lyon. Nous sommes chez un peuple riche, ami du luxe, mais du luxe domestique qui n'a rien de commun avec le faste ou avec la grandeur. C'est donc l'art appliqué qui l'emporte, et ceux que M. Rondot appelle si justement les « maîtres de fière allure » n'apparaissent au pays lyonnais qu'à de longs intervalles. Loin de considérer, Messieurs, que votre confrère ait eu moins de mérite à s'occuper d'artistes de second ordre que s'il se fût attaché aux « maîtres de fière allure », nous estimons que la tâche était plus ingrate, et en même temps plus utile. Qui donc, si M. Rondot ne l'avait fait, aurait recueilli les noms des mille dix-sept peintres et des soixante-neuf enlumineurs dont il a reconstitué l'existence, à l'aide de documents inédits? Qui donc aurait porté cette sûreté de coup d'œil et cette indépendance de jugement sur « l'éclectisme des artistes lyonnais, confinés dans une ville que les pèlerins de l'Italie, Français, Allemands ou Flamands, ont sans cesse traversée? Qui donc eût signalé, comme l'a su faire M. Rondot, l'impuissance de ses compatriotes, dans ce frottement des nations, à sauvegarder leur personnalité, tandis qu'ils acquièrent cette souplesse de l'esprit qui leur permet de multiplier leurs aptitudes en les modelant sur le génie des peuples qu'ils coudoient? Nous devons des éloges et beaucoup de gratitude à l'auteur des *Peintres de Lyon*. » (1)

---

(1) A propos de l'envoi des *Peintres de Lyon*, N. Rondot recevait de M. Edouard Aynard la charmante lettre que voici :

« Lyon, 7 janvier 1887.

« Cher Monsieur,

« Je viens d'achever la lecture de votre ouvrage sur les peintres de Lyon, et, une fois de plus, je suis absolument émerveillé de votre puis-

Le même travail de statistique, précédé de notices historiques, a été fait pour les sculpteurs et les orfèvres de Lyon, du XIVe au XVIIIe siècle. Natalis Rondot a relevé les noms de 264 sculpteurs et 958 orfèvres. Plusieurs dossiers des archives n'ont pu être inventoriés; l'auteur estime que le nombre des orfèvres devait être plus considérable. La prospérité et la richesse de Lyon aux XVe et XVIe siècles avaient singulièrement développé l'art de l'orfèvrerie. Une étude complète sur ce sujet serait fort intéressante; la publication de N. Rondot en a jeté les premiers jalons.

On pourrait en dire de même de la céramique. Cette industrie est presque aussi ancienne que la cité; on trouve de nombreux potiers de terre dans les premiers temps de la domination romaine. Le volume *La Céramique lyonnaise du XIVe au XVIIIe siècle* nous présente une excellente documentation, de lumineux aperçus, une longue liste de maîtres et d'artisans, mais ce n'est point une monographie de l'art

sance de travail, qui s'épand dans toutes les directions, de l'intelligence et de la nouveauté de vos recherches, de la pénétration et de la sagacité de votre esprit. Vous préparez admirablement la solution d'un des grands problèmes de l'histoire de l'art, ou plutôt l'histoire de l'art elle-même, qui est à refaire sur bien des points. On ne connaît surtout que très peu de choses, et sur les écoles locales comme celles de Lyon, et surtout sur les rapports et les influences des écoles entre elles, et les unes sur les autres. Tant qu'on ne sera pas fixé sur ces deux points, notamment, l'histoire des arts sera encombrée de mensonges et de préjugés. Vous êtes au tout premier rang de ceux qui, par leurs belles recherches, préparent les voies de la vérité et de la lumière. Je ne saurais assez vous en féliciter et vous remercier, comme Lyonnais, de tout ce que vous faites pour la gloire de nos artistes.

« Veuillez agréer, cher Monsieur, l'expression renouvelée de mes sentiments de vive gratitude et de haute considération.

« Ed. AYNARD. »

de la céramique. Les documents anciens font défaut, ceux du Moyen Age et de la Renaissance sont peu explicites; il faudrait des recherches très spéciales, que l'auteur n'a pu entreprendre. Dans un autre ouvrage, *Les Potiers de terre italiens à Lyon au XVI*e *siècle*, Rondot serre de plus près son sujet. Il nous fait connaître les potiers florentins qui introduisirent à Lyon, au commencement du XVIe siècle, la fabrication de la faïence émaillée et décorée. Plusieurs pièces, fabriquées à cette époque, ont été conservées; elles sont des plus remarquables et ornent les musées de Lyon, du Louvre, de Sèvres et de rares collections particulières. Il résulte des recherches de N. Rondot que la faïence de Lyon est assez difficile à déterminer. Il y a eu dans les environs, aux XVIIe et XVIIIe siècles, notamment à Givors, à Grigny, à Meillonnas, à Roanne, des fabriques de faïence polychrome, dont les produits se confondent facilement avec la faïence de Lyon.

Nous compléterons cette longue nomenclature des ouvrages sur l'art à Lyon, en mentionnant quelques études de proportions moindres, mais qui, par leur documentation, toujours puisée aux sources, sont néanmoins utiles à consulter. Ces études ont pour objet les relieurs de livres, les peintres sur verre, l'art du bois, les cartes d'adresses et étiquettes.

N. Rondot a encore publié deux ouvrages d'histoire et de statistique se rapportant exclusivement à la ville de Lyon : *Les Protestants à Lyon au XVII*e *siècle* (1891) et l'*Ancien régime du travail à Lyon, du XIV*e *au XVII*e *siècle* (1897). Dans le premier de ces ouvrages, nous trouvons une étude sur l'influence et la participation des protestants au commerce et aux industries d'art; il ne semble pas qu'elle fût très considérable. Quelques historiens ont avancé que les protestants, en 1685, étaient au nombre de 12.000 à

Lyon. C'est une grave erreur; ils ne devaient pas dépasser 1.000 à 1.100. N. Rondot présente une statistique établissant ce nombre. Il arrive à conclure que « la révocation de l'Edit de Nantes n'a pas eu, pour Lyon, quant à l'art et à l'industrie, les funestes conséquences que tant d'écrivains ont décrites ». Dans la seconde partie, on trouve la description des temples et des cimetières concédés aux protestants. La topographie du vieux Lyon est aussi familière à l'auteur que les multiples rouages de l'ancienne organisation économique et commerciale.

Avec *L'Ancien régime du travail à Lyon,* Rondot esquisse un tableau de l'état industriel et commercial de Lyon à travers les âges. Nous assistons au développement des corps de métiers au Moyen Age, à l'établissement des foires. Plus tard, au XVIe siècle, à l'introduction de la manufacture des étoffes de soie, et enfin, au XVIIe siècle, à l'apogée des affaires. Il termine cette magistrale étude par les lignes suivantes, qui montrent combien il avait pénétré l'âme de la cité lyonnaise, combien il avait le sentiment de ses besoins, de ses aspirations, et en quelle haute estime il avait le caractère de ses compatriotes d'adoption :

L'empreinte du passé est restée. Félicitons-nous qu'on n'ait pas perdu ces traditions, ces ressouvenirs, et que dans l'esprit du peuple de Lyon subsiste un profond attachement à la terre lyonnaise, dont l'indépendance a été son œuvre propre, et à ses gloires. Notre peuple nourrit un égal attachement au travail, sous toutes ses formes, et de nos jours, l'art de la soie n'est certes pas le seul auquel Lyon doive sa grandeur nouvelle. On a gardé en même temps ce don d'initiative et cette ingéniosité, rares ailleurs, pour toutes les libres entreprises d'enseignement, de prévoyance, d'assistance et d'intérêt social; il y a eu toujours autant d'ardeur pour la charité que pour l'épargne.....

Mais voici que ce siècle va expirer et que les signes des temps nouveaux apparaissent, dit-on, menaçants. Il ne semble pas que ce soit par les coups de la politique que Lyon, ses manufactures et son commerce doivent être frappés. Le danger serait autre et plus grand. Lyon, qui ne s'est pas connu de rivaux pendant un long temps dans sa plus glorieuse industrie, qui ne les redoutait pas, quand, élevés à son école, ces rivaux se sont produits successivement, en a aujourd'hui, dans le monde entier, avec lesquels il faut compter cette fois. L'effet de la diffusion et des applications de la science a déterminé cette rivalité formidable directe ou indirecte. Les conditions économiques et la production ont changé partout; il y a eu partout comme un nivellement des facultés professionnelles et des moyens matériels de fabrication. Partout on est impuissant à arrêter cette marche des choses, et cette loi dominera tout. Mais une chose reste entière, c'est la valeur de l'homme.

Le peuple de Lyon a été préparé, formé, entraîné, dans la suite des siècles, on a vu de quelle façon il doit à cette éducation la vigueur et la souplesse de son esprit. Il a été habitué à ne compter que sur son propre effort, à ne pas s'attarder, à tirer de lui-même les inventions et les renouvellements, à entretenir en lui la finesse et la distinction du goût, le sentiment de l'élégance.

On doit avoir le ferme espoir que son génie ne faiblira pas, que son génie a encore sa puissance, et que, à la suite des transformations que les événements économiques imposeront aux gouvernements de la vieille Europe, il saura garder le rang auquel il s'est élevé à la suite de quatre siècles du plus dur labeur.

* * *

Rondot a laissé de nombreux travaux inédits. Une étude sur Eskrich a été publiée en 1901 par M. Alfred Cartier. Par les soins de ce même érudit il paraîtra prochainement un volume comprenant une étude générale sur l'art à Lyon du XIVe au XVIe siècle, des notes sur les horlogers, les faiseurs de cartes à jouer, les tisseurs, les maîtres maçons et des notices sur Georges Reverdy, peintre et graveur, Corneille de la Haye, peintre, Pierre Woeiriot, graveur, Perrissin et quelques autres artistes lyonnais.

La partie la plus considérable des écrits posthumes consiste en un dossier sur les graveurs et les médailleurs en France. Ce travail communiqué à M. Babelon, conservateur du cabinet des médailles à la Bibliothèque nationale, a été jugé comme une œuvre achevée, prête pour l'impression. M. de La Tour, conservateur adjoint aux médailles, a bien voulu se charger de diriger cette publication qui formera un volume, et paraîtra dans le courant de l'année 1902. Un autre travail inédit, de dimensions restreintes, sur les médailleurs lyonnais, sera inséré dans une revue spéciale.

*
* *

Natalis Rondot faisait partie, soit comme membre titulaire, ou membre correspondant, de trente-trois sociétés savantes de France et de l'Etranger. Nous avons vu que, en 1842, âgé de vingt et un ans, il avait été nommé membre correspondant de la Société des sciences, arts, belles-lettres et agriculture de Saint-Quentin ; quatre ans après, en 1846, la Société d'Economie politique de Paris, qui venait d'être fondée, le recevait au nombre de ses membres. Un demi-siècle plus tard, le 5 novembre 1896, on fêtait le cinquantième anniversaire de son admission. Quelques jours après sa mort, dans la séance du 5 septembre 1900, M. de Molinari, vice-président de cette même société, a rappelé en termes émus la carrière de Rondot, « sa fidélité aux principes de liberté et de justice, bases de la science économique, non moins que règles indispensables de son application aux rapports des hommes entre eux... Natalis Rondot, ajoute-t-il, fut surtout un technologue. Ses travaux sur l'industrie et le commerce de la soie resteront comme d'impérissables monuments de bon sens et de raison économique. A les lire, on demeure convaincu que la grande industrie lyonnaise doit sa force à la libre initiative, et que le flirt de quelques-uns avec le protectionnisme n'a d'autre effet que d'en menacer la prospérité » (1).

Il serait superflu de mentionner toutes les sociétés savantes auxquelles Rondot a appartenu ; disons seulement qu'il était attaché, depuis 1859, à l'Académie des sciences, belles-lettres et arts de Lyon, comme membre correspondant, de même pour la Société d'agriculture, histoire naturelle et arts utiles de Lyon, dès l'année 1858. Il était correspondant du ministère de l'Instruction publique ; membre non résident du Comité des sociétés des Beaux-Arts des départements et du Comité des travaux historiques et scientifiques. Les honneurs vinrent à lui, non comme des faveurs, mais en juste rémunération de services rendus, comme l'acquit d'une dette contratée par le pays envers un homme de bien, un homme dont la vie laborieuse, occupée par d'immenses travaux accomplis pour la prospérité de notre industrie nationale, s'est écoulée loin des intrigues où s'agitent les ambitieux.

---

(1) Cette assertion est-elle juste ? On peut en douter. Elle était généralement admise autrefois à Lyon ; présentement, elle est discutée. Dans tous les cas, est-il possible, avec les transformations si rapides qui se produisent dans l'industrie et les grandes affaires du monde entier, est-il possible de diagnostiquer pour l'avenir le régime économique qu'il convient d'adopter ? Cela nous paraît excessif. — Rondot était protectionniste avant son départ pour la Chine, subissant a-t-il dit, l'influence des industriels de Saint-Quentin, sa ville natale, et de ceux de Reims, où il débuta dans les affaires. Plus tard, il devint libre-échangiste. Il soutint, en 1846, une polémique très courtoise avec ses compatriotes, défendant les avantages du libre-échange avec autant de modération que d'habileté.

Nous savons qu'un haut grade dans la Légion d'honneur lui avait été conféré en 1889. Il était honoré des dignités les plus élevées dans les ordres étrangers, notamment dans ceux de la Russie, du Portugal, de l'Autriche et de l'Italie. Enfin, comme couronnement d'une si longue, si honorable carrière, il était appelé à faire partie de l'Institut. Le 19 janvier 1895, Natalis Rondot était élu à l'unanimité membre correspondant de l'Académie des Beaux-Arts (1).

* * *

Natalis Rondot habita à Paris de 1846 à 1870. A cette époque, il acquit le château de Chamblon, près d'Yverdon, en Suisse, où il passait la belle saison, séjournant chaque année trois mois à Paris et deux mois à Lyon. En 1890, il se fixa définitivement à Lyon, rue Saint-Joseph, n° 20. C'est là que, le 26 août 1900, entouré des siens, il s'éteignit paisiblement, sans agonie, après une courte maladie, consolé par les secours de la religion catholique à laquelle il était resté fidèlement attaché toute sa vie. Il avait près de quatre-vingts ans.

---

(1) Deux jours après, le 11 janvier, son ami d'enfance, M. Léon Say lui adressait ce petit mot, daté de la Chambre des députés:

« Mon cher ami,

« Je suis ravi de ta nomination comme correspondant de l'Académie des Beaux-Arts. Tes belles recherches d'histoire sur les arts et le travail à Lyon valaient bien cet honneur.....

« Il me semble que les atteintes de l'âge, comme tu dis, n'ont pas porté sur l'activité de ton esprit. En tout cas il n'y paraît pas.

« Bien des amitiés.

« Léon SAY. »

« Ce grand vieillard au teint animé, à la chevelure abondante et blanche comme la neige, était resté jeune par l'entrain et l'activité. Il devait ce privilège à une puissance incomparable de travail. La paresse et l'inaction lui étaient odieuses. Le travail qui mûrit les jeunes hommes, prolonge, quand il répond si bien à leurs goûts et à leurs aptitudes, la jeunesse des vieillards. Cette jeunesse, qui est un signe de contentement du devoir accompli et de satisfaction intérieure, et qui est un présent de Dieu, il la possédait pleinement (1). »

Rondot était peu enclin, non seulement aux plaisirs, mais à toutes les distractions de la vie extérieure. Lorsqu'il fut retiré des affaires, ses recherches dans les dépôts publics et les archives, son travail de cabinet occupaient exclusivement sa journée jusqu'à une heure avancée de la nuit. Les obligations mondaines étaient pour lui des corvées auxquelles il s'astreignait difficilement, c'est ce qui explique son abord réservé, sa tendance à l'isolement dans certaines réunions où il ne se rendait que par devoir ou déférence. Il était, d'autre part, dans le commerce des lettres, fort accessible et bienveillant. Tous ceux qui ont eu recours à ses vastes connaissances n'ont eu qu'à se louer de son obligeance.

Rondot montra toujours la plus noble indépendance de caractère. D'un esprit très libéral, il se tint constamment éloigné du terrain brûlant et dangereux sur lequel se meuvent les politiciens. Il servit son pays en dehors de toute préférence de parti; poursuivant sa tâche avec la même sérénité, le même dévouement désintéressé sous la

---

(1) Marius MORAND : *Bulletin des soies et des soieries*, 1er septembre 1900.

Monarchie de juillet, la République de 1848, le second Empire et la troisième République. Dans ses travaux sur le commerce, l'industrie, l'économie politique, il n'a en vue que les intérêts du pays, et dans son œuvre consacrée à l'art et aux artistes, il se complait à faire revivre ses gloires passées.

Quant à la ville de Lyon, il semble qu'elle a une dette à payer, une dette d'honneur envers celui qui porta si haut la bannière de cette cité du travail et des arts. Aussi, en terminant, nous formulons le vœu qu'un jour vienne où la figure de Rondot, taillée dans le marbre par la main d'un descendant de ces artistes qu'il a mis en lumière, soit placée dans la galerie qui perpétue le souvenir des Lyonnais dignes de mémoire.

BIBLIOGRAPHIE [1]

I. — ÉCONOMIE POLITIQUE ET STATISTIQUE

Les valeurs officielles en France, en Belgique et en Angleterre. Paris, 1849, in-8.

Statistique de l'industrie a Paris, résultant de l'enquête faite par la Chambre de commerce pour les années 1847-1848. Paris, Guillaumin et Cie, 1851, in-4 de 1370 pp.

Histoire et statistique des théatres de Paris. Paris, Guillaumin et Cie, 1852, in-8 de 55 pp.

Les valeurs officielles et actuelles en France, en Angleterre et en Belgique. Paris, 1858, grand in-8.

Le commerce, l'industrie et le prix des matières textiles, des fils et des tissus. *(Rapports faits au nom de la 4e section de la Commission permanente des valeurs de douane. Années 1865 à 1867, 1870 et 1871, 1873 à 1883.)* 15 vol. grands in-8.

---

(1) En 1893, M. Natalis Rondot fit paraître une plaquette de 18 pages in-8, tirée à petit nombre, et portant ce titre : *Publications de M. Natalis Rondot* (Lyon, imprimerie Alexandre Rey). Après la liste de ses ouvrages, Rondot donne quelques indications sommaires sur les différentes phases de sa vie et les circonstances qui ont amené ses travaux.

Nous avons suivi dans la présente bibliographie l'ordre adopté par Rondot. Nous avons complété et augmenté la liste, soit par la collation de tous les ouvrages que nous avons eus entre les mains, soit par la nomenclature de ceux parus de 1893 à 1900.

L'ANCIEN RÉGIME DU TRAVAIL A LYON, DU XIVe AU XVIIe SIÈCLE. Lyon, Alexandre Rey, imprimeur-éditeur, 1897, grand in-8 de 89 pp.

II. - ENSEIGNEMENT TECHNIQUE, ÉCOLES, MUSÉES

MUSÉES D'ART ET D'INDUSTRIE. *(Rapport à la Chambre de commerce de Lyon.)* Paris, Vve Bouchard-Huzard, s. d. (1858), in-4 de 32 pp.

MUSÉE D'ART ET D'INDUSTRIE. Lyon, imprimerie de Louis Perrin, 1859, in-4 de 46 pp.

Publication faite par la Chambre de commerce de Lyon. — Cet ouvrage a eu cinq éditions: 2e édit., 1859; 3e édit., 1868; 4e édit., 1877; 5e édit., *id.* Il a été traduit en allemand en 1860.

L'ENSEIGNEMENT NÉCESSAIRE A L'INDUSTRIE DE LA SOIE; ECOLES ET MUSÉES. Lyon, imprimerie Pitrat aîné, 1877, grand in-8 de 151 pp.

Imprimé par ordre de la Chambre de commerce de Lyon. Ce volume contient :

Rapport à la Chambre de commerce, séance du 19 octobre 1876.

Page 69. — Rapport sur le Musée d'art et d'industrie, 5e édition.

Page 133. — Rapport fait à l'Académie des Beaux-Arts sur le Musée d'art et d'industrie, par Félix Duban.

Page 145. — Lettre de Prosper Mérimée à M. Natalis Rondot (25 mars 1859) sur le Musée d'art et d'industrie.

III. — ARTS

LYON

ARTS, ARTISTES ET MAITRES DE MÉTIER

LES GRAVEURS DU NOM DE MOUTERDE ET LE MONNAYAGE DU MÉTAL DE CLOCHE PUR A LYON. Lyon, imprimerie Pitrat aîné, 1880, grand in-8 de 134 pp.

LES ARTISTES ET LES MAITRES DE MÉTIER DE LYON AU XIVe SIÈCLE. Lyon, imprimerie Pitrat aîné, 1882, grand in-8 de 85 pp.

(Extrait de la *Revue lyonnaise.*)

LES ARTISTES ET LES MAITRES DE MÉTIER ÉTRANGERS AYANT TRAVAILLÉ A LYON. Paris, imprimerie de A. Quantin, 1883, grand in-8 de 20 pp.

(Extrait de la *Gazette des Beaux-Arts.*)

JEAN MARENDE ET LA MÉDAILLE DE PHILIBERT LE BEAU ET DE MARGUERITE D'AUTRICHE. Lyon, imprimerie Pitrat aîné, 1883, grand in-8 de 39 pp. — 1 planche en phototypie.

(Extrait de la *Revue lyonnaise.*)

LES SCULPTEURS DE LYON DU XIVe AU XVIIIe SIÈCLE. Lyon, imprimerie de Pitrat aîné, 1884, grand in-8 de 79 pp.

(Extrait de la *Revue lyonnaise.*)

SAINT-JEAN, LE PEINTRE DE FLEURS, AUX EXPOSITIONS UNIVERSELLES EN 1851 ET EN 1855. Lyon, imprimerie Mougin-Rusand, 1885, grand in-8 de 15 pp.

(Extrait de la *Revue Lyonnaise.*)

JACOB RICHIER, SCULPTEUR ET MÉDAILLEUR (1608-1641). Lyon, imprimerie Mougin-Rusand, 1885, grand in-8 de 19 pp. — 1 planche en héliogravure.

Il a paru dans la *Revue numismatique*, année 1885, p. 183-186, pl. IX, la notice suivante, qui n'a point été tirée à part : *Jean Richier, sculpteur et médailleur.*

LA MÉDAILLE D'ANNE DE BRETAGNE ET SES AUTEURS LOUIS LEPÈRE, NICOLAS DE FLORENCE ET JEAN LEPÈRE, 1494. Lyon, imprimerie de Pitrat aîné, 1885, grand in-8 de 50 pp. — 1 planche gravée.

Jacques Gauvain, orfèvre, graveur et médailleur a Lyon au xvie siècle. Lyon, imprimerie Pitrat aîné, 1887, grand in-8, 73 pp. — 5 planches en héliogravure.

Nicolas Bidau, sculpteur et médailleur a Lyon, 1622-1692. Lyon, imprimerie Mougin-Rusand, 1887, grand in-8 de 25 pp. — 1 planche en héliogravure.

Les peintres de Lyon du xive au xviiie siècle. Paris, typographie de E. Plon, Nourrit et Cie, 1888, grand in-8, de 243 pp.

Les orfèvres de Lyon du xive au xviiie siècle. Paris, 1888, grand in-8, de 101 pp.

(Extrait de la *Revue de l'art français.*)

Lalyame, Hendricy et Mimerel, sculpteurs et médailleurs a Lyon au xviie siècle. Lyon, imprimerie Mougin-Rusand, 1888, grand in-8 de 44 pp. — 3 planches en héliogravure.

(Extrait de la *Revue du Lyonnais.*)

Claude Warin, graveur et médailleur, 1630-1654. Paris, imprimerie G. Rougier et Cie, 1888, grand in-8, de 79 pp. — 10 planches en héliogravure.

(Extrait de la *Revue numismatique.*)

Voir dans la *Revue numismatique*, année 1889, p. 255-260 la notice suivante qui n'a pas été tirée à part : *Jean Warin et la déclaration du Roi de 1660.*

L'art du bois a Lyon au xve et au xvie siècle. Paris, typographie de E. Plon, Nourrit et Cie, 1889, grand in-8 de 31 pp.

La Céramique lyonnaise du xive au xviiie siècle. Paris, typographie de E. Plon, Nourrit et Cie, 1889, grand in-8, de 92 pp. — 2 planches en héliogravure.

Jacques Morel, sculpteur lyonnais, 1417-1459. Paris, typographie de E. Plon, Nourrit et Cie, 1889, grand in-8 de 37 pp. — 3 planches en héliogravure.

Les Maitres particuliers de la monnaie de Lyon. Lyon, imprimerie Mougin-Rusand, 1889, grand in-8 de 13 pp.

(Extrait de la *Revue du Lyonnais.*)

La Monnaie de Vimy ou de Neuville dans le Lyonnais. Paris, 1890, grand in-8, de 15 pp.

(Extrait de la *Revue numismatique.*)

Les Protestants a Lyon au xviie siècle. Lyon, imprimerie Mougin-Rusand, 1891, grand in-8 de 224 pp.

(Extrait de la *Revue du Lyonnais.*)

Jéronyme Henry, orfèvre et médailleur a Lyon, 1503-1538. Lyon, imprimerie Mougin-Rusand, 1892, grand in-8 de 23 pp. — 1 planche en héliogravure.

(Extrait de la *Revue du Lyonnais.*)

Les Potiers de terre italiens a Lyon au xvie siècle. Lyon, imprimerie Pitrat aîné, 1892, grand in-8 de 160 pp. — 12 planches en héliogravure et figg. dans le texte.

Les Spirinx, graveurs d'estampes a Lyon au xviie siècle. Lyon, imprimerie Mougin-Rusand, 1893, grand in-8 de 36 pp. — 2 planches en phototypie.

(Extrait de la *Revue du Lyonnais.*)

Cartes d'adresse et étiquettes a Lyon au xviie et au xviiie siècle. Lyon, imprimerie Mougin-Rusand, 1894, grand in-8 de 42 pp.

(Extrait de la *Revue du Lyonnais.*)

LE DIAMÈTRE DES MÉDAILLES COULÉES. Paris, chez Rollin et Feuardent, 1895, grand in-8, de 18 pp.

(Extrait de la *Revue numismatique.*)

LES FAÏENCIERS ITALIENS A LYON AU XVIe SIÈCLE. Lyon imprimerie Mougin-Rusand, 1895, grand in-8 de 17 pp.

LES GRAVEURS SUR BOIS ET LES IMPRIMEURS A LYON AU XVe SIÈCLE. Lyon, imprimerie Mougin-Rusand, 1896, grand in-8, de 247 pp.

(Extrait de la *Revue du Lyonnais.*)

LES MÉDAILLEURS LYONNAIS. Lyon, imprimerie Mougin-Rusand, 1896, grand in-8 de 50 pp.

(Extrait de la *Revue du Lyonnais.*)

LES GRAVEURS D'ESTAMPES A LYON AU XVIIe SIÈCLE. Lyon, imprimerie Mougin-Rusand, 1896, grand in-8 de 28 pp.

Cet opuscule sert d'introduction au volume suivant qui contient des notices sur les graveurs, dont la liste seule avait été publiée dans ce premier travail.

LES GRAVEURS D'ESTAMPES SUR CUIVRE A LYON AU XVIIe SIÈCLE. Lyon, imprimerie Mougin-Rusand, 1896, in-8 de 124 pp.

LES RELIEURS DE LIVRES A LYON DU XIVe AU XVIIe SIÈCLE. Paris, librairie Téchener, 1896, grand in-8 de 17 pp.

(Extrait du *Bulletin du Bibliophile.*)

BERNARD SALOMON, PEINTRE ET TAILLEUR D'HISTOIRES A LYON AU XVIe SIÈCLE. Lyon, imprimerie Mougin-Rusand, 1897, grand in-8 de 93 pp.

LES GRAVEURS DE MONNAIES A LYON, DU XIIIe AU XVIIIe SIÈCLE. Mâcon, Protat, frères, imprimeurs, 1897, grand in-8 de 92 pp.

LES PEINTRES SUR VERRE A LYON DU XIVe AU XVIe SIÈCLE. Paris, Georges Rapilly, 1897, grand in-8 de 35 pp. — 3 planches en phototypie.

LES GRAVEURS SUR BOIS A LYON AU XVIe SIÈCLE. Paris, Georges Rapilly, 1898, grand in-8 de 115 pp. — 2 planches en phototypie.

LES THURNEYSEN, GRAVEURS D'ESTAMPES LYONNAIS AU XVIIe SIÈCLE. Lyon, Bernoux et Cumin, 1899, grand in-8 de 158 pp. — 4 planches en phototypie.

(Extrait de la *Revue du Lyonnais.*)

UN PEINTRE LYONNAIS DE LA FIN DU XVe SIÈCLE. Lyon, Bernoux et Cumin, 1900, grand in-8 de 59 pp. — 1 planche en héliogravure et figg. dans le texte.

PIERRE ESKRICH, PEINTRE ET TAILLEUR D'HISTOIRES A LYON AU XVIe SIÈCLE, Lyon, 1901, grand in-8 de 62 pp.

(Extrait de la *Revue du Lyonnais.*)

Publication posthume faite par les soins de M. Alfred Cartier.

TROYES

ARTISTES ET MAITRES DE MÉTIER

LES PEINTRES DE TROYES DU XIIIe AU XVe SIÈCLE. Paris, 1887, in-8, de 20 pp.

(Extrait de la *Revue de l'Art français.*)

LES PEINTRES DE TROYES DE LA PREMIÈRE MOITIÉ DU XVIe SIÈCLE. Paris, 1887, in-8 de 24 pp.

LES PEINTRES DE TROYES DU NOM DE POTHIER, XVIe ET XVIIe SIÈCLES. Paris, 1887, in-8 de 27 pp.

LES PEINTRES VERRIERS DE TROYES DU XIVe ET DU XVe SIÈCLE. Paris, 1887, in-8 du 24 pp.

(Extrait de la *Revue de l'Art français.*)

Les Sculpteurs de Troyes au xive et au xve siècle. Paris, 1887, in-8 de 24 pp.

(Extrait de la *Revue de l'Art français.*)

Les Orfèvres de Troyes du xiie au xviiie siècle. Paris, 1892, in-8 de 145 pp.

Les Graveurs de la monnaie de Troyes du xiie au xviiie siècle. Paris, Rollin et Feuardent, 1892, grand in-8 de 22 pp.

(Extrait de la *Revue numismatique.*)

Les Relieurs de livres a Troyes, du xive au xvie siècle. Paris, Librairie Téchener, 1898, in-8 de 12 pp.

(Extrait du *Bulletin du Bibliophile.*)

ART RUSSE

L'Ecole Stroganoff a Moscou, Paris, imprimerie J. Claye, 1869, grand in-8 de 6 pp.

(Extrait de la *Gazette des Beaux-Arts.*)

La plaquette intitulée : *Publications de M. Natalis Rondot.* (Lyon, 1893), contient l'indication suivante : *L'Ecole Stroganoff et le Musée d'art et d'industrie à Moscou,* 1869, 2 vol. grands in-8. Nos recherches dans les bibliothèques de la Chambre de commerce, du Musée historique des tissus, de la ville de Lyon, du Palais Saint-Pierre et à la Bibliothèque Nationale ont été vaines ; cet ouvrage ne s'y trouve pas. La famille de M. Rondot ne le possède pas et n'en a trouvé aucune trace. Nous avons donc tout lieu de croire qu'il y a eu confusion, dans la rédaction de la notice, avec la brochure précédente.

Histoire de l'ornement russe du xe au xvie siècle, d'après les manuscrits. (En collaboration avec Victor de Boutowski). Paris, Vve A. Morel et Cie, 1870, in-f° ; T. Ier, 26 pp. texte, 100 pl. en chromolithographie ; T. II, 26 pp. texte russe, 100 pl. en camaïeu.

IV. — SCIENCES

ETUDE GÉOLOGIQUE DU PAYS DE REIMS. Reims, L. Jacquet, imprimeur, 1843, in-8 de 46 pp.

(Extrait du premier volume des *Annales de l'Académie de Reims, 1843.*)

LES MOLLUSQUES DU DÉPARTEMENT DE LA MARNE, 1843, in-8.

APERÇU GÉOLOGIQUE SUR L'ILE TSCHOU-SAN (TCHÉ-KIANG), s. l. n. d., in-8 de 5 pp. (Reims, imp. Régnier).

V. — CHINE

PETITE NOTE SUR LES CHEVEUX, LES PETITS PIEDS ET LES YEUX A LA CHINOISE, s. l. n. d. (Reims, imp. Régnier), in-8 de 4 pp.

NOTICE SUR QUELQUES PLANTES TEXTILES DE LA CHINE, s. l. n. d., in-8 de 17 pp.

LES TEMPLES DE L'ILE DE POU-TOU EN CHINE, s. l. n. d. (1846), in-8 de 36 pp.

(*Mémoires de l'Académie de Reims.*)

CHINE ET MALAISIE. — NOTES DE VOYAGE, 1846-47, in-8, 9 pl.

PROCÉDÉ DE TEINTURE DES PEUPLES DE L'ASIE ET DE L'OCÉANIE, in-8, 6 et 4 pp. (1846).

NOTICE SUR LES YANG DE CHINE ET SUR LE MÉTIER A TISSER LE JONG ET LE HO, D'APRÈS LE THIÈN-KHON-KHAÏ-WÉ. Paris, Imprimerie royale, 1847, in-8 de 21 pp.

(Extrait du *Journal Asiatique.*)

La fabrication du sucre dans la province de Fo-Kien en Chine, 1847, in-4.

Les plantes filamenteuses de la Chine, s. l. n. d., (1847), in-8.

Etude pratique du commerce d'exportation de la Chine *(par Isidore Hedde, Ed. Renard, A. Haussmann et N. Rondot, délégués commerciaux attachés à la mission de France en Chine. Revue et complétée par Natalis Rondot)*. Paris, Renard, 1848, grand in-8 de 280 pp.

Il y eut une seconde édition en 1849.

Une promenade dans Canton. Paris, Imprimerie nationale, 1848, in-8 de 32 pp.

(Extrait du *Journal Asiatique*.)

Les poids et les mesures des Chinois dans les temps anciens, 1849, in-4.

Les colonies agricoles des Chinois, 1851, in-8.

Notice du vert de Chine et de la teinture en vert chez les Chinois *(suivie d'une étude des propriétés chimiques et tinctoriales du lo-kao, par M. J. Persoz et des recherches sur la matière colorante des nerpruns indigènes, par M. A.-F. Michel)*. Paris, typographie de Ch. Lahure et Cie, 1858, grand in-8 de 207 pp., 4 pl. hors texte dont 2 d'échantillons d'étoffes.

(Imprimé par ordre de la Chambre de commerce de Lyon.)
Traduit en anglais, en allemand et en hollandais (1859).

Commerce de la France avec la Chine. Lyon, imprimerie Louis Perrin, 1860, in-8 de 26 pp.

(Publié par la Chambre de commerce de Lyon.)

Pé-King et la Chine. Mesures, monnaies et banques chinoises. Paris, Guillaumin et Cie, 1861, grand in-8 de 19 pp. à 2 col.

(Extrait du *Dictionnaire du Commerce et de la Navigation.*)
Traduit en hollandais (1861); en anglais (1862).

Les gelées marines des Chinois, 1865, in-4.

Les monnaies et les petits flacons de porcelaine chinois trouvés en Egypte, 1895, in-8.

VI. — INDUSTRIE ET COMMERCE

INDUSTRIE DE LA SOIE

Le titrage de la soie. Paris, Guillaumin et Cie, grand in-8, de 4 pp., à 2 colonnes.

(Extrait du *Dictionnaire universel du Commerce et de la Navigation.*)
Cette étude, refondue et augmentée, a été insérée dans le *Dictionnaire du commerce, de l'Industrie et de la Banque,* récemment paru.

Rapport sur l'industrie des soies et des soieries. Paris, Imprimerie impériale, 1851, in-f° de 57 pp.

(Publié par le Conseil supérieur de l'Agriculture, des Manufactures et du Commerce.)

Rapport sur l'industrie des soies et des soieries (*Enquête relative à l'exécution du traité de commerce avec l'Angleterre, 8 oct. 1860*). Paris, Imprimerie impériale, in-8 de 56 pp.; — 2e édition, 1862, grand in-4.

Rapport sur les soies et tissus de soie (*Exposition universelle de Vienne en 1873, section française*). Paris, Imprimerie nationale, 1874, grand in-8 de 87 pp.

L'industrie de la soie (*Rapport pour l'Exposition universelle de Vienne en 1873*). Deuxième édition, publiée aux frais de la Chambre de commerce de Lyon. Lyon, imprimerie de Pitrat aîné, 1875, grand in-8 de 234 pp.

L'INDUSTRIE DES RUBANS DE SOIE. Seconde édition. Lyon, imprimerie Pitrat aîné, 1875, grand in-8 de 43 pp.

(Extrait du *Rapport sur les soies*. Exp. Univ. de Vienne.)

L'ART DE LA SOIE. LES SOIES *(Ministère de l'Agriculture et du Commerce. Exposition Universelle internationale de 1878, à Paris.)* Paris, Imprimerie nationale, 1885, in-8 de 670 pp.

L'ART DE LA SOIE. LES SOIES. Deuxième édition publiée aux frais de la Chambre de commerce de Lyon. Paris, Imprimerie nationale, grand in-8 ; T. Ier, 1885, VIII et 484 pp. ; T. II, 1887, 604 pp.

ESSAI SUR LES PROPRIÉTÉS PHYSIQUES DE LA SOIE. Paris, Imprimerie nationale, 1887, grand in-8, de 69 pp.

(Extrait du second volume de l'*Art de la soie. Les soies.*)

LA SOIE. *Production, consommation et prix*. Paris, Imprimerie nationale, 1887, grand in-8 de 41 pp.

(Extrait de l'*Art de la soie. Les soies.)*

RAPPORT SUR LES TRAVAUX DU COMITÉ D'INSTALLATION DE LA CLASSE DE L'INDUSTRIE DE LA SOIE. (Exposition Universelle de 1889, classe 33). Paris, imprimerie Chaix, 1890, grand in-8 de 34 pp.

L'INDUSTRIE DE LA SOIE EN FRANCE. Lyon, imprimerie Mougin-Rusand, 1894, in-8 de 139 pp.

Cet ouvrage a été fait à l'occasion de l'Exposition de Lyon de 1894. Le plus grand nombre des exemplaires portent le titre suivant et sont complétés par un avant-propos et quelques pages d'additions :

L'INDUSTRIE DE LA SOIE EN FRANCE. *(Exposition universelle de Lyon 1894. Section lyonnaise des soies et soieries.)* Lyon, Mougin-Rusand, 1894, in-8, de VIII et 149 pp.

INDUSTRIE DE LA LAINE

RAPPORTS SUR LES ÉTOFFES DE LAINE FRANÇAISES CONVENABLES POUR LA CHINE, L'ARCHIPEL INDIEN ET L'AFRIQUE. Première partie, 1846-1847, in-f° lithographié, pagination non suivie.

(Publication du Ministère de l'Agriculture et du Commerce.)

ETUDE PRATIQUE DES TISSUS DE LAINE CONVENABLES POUR LA CHINE, LE JAPON, LA COCHINCHINE ET L'ARCHIPEL INDIEN. Paris, Guillaumin et Cie, 1847, grand in-8, de VIII et 284 pp.

RAPPORT AU MINISTRE DE L'AGRICULTURE ET DU COMMERCE SUR L'INDUSTRIE LAINIÈRE DE LA BELGIQUE EN 1847. Paris, Guillaumin et Cie, 1849, grand in-8 de 100 pp.; 2e édition, Bruxelles, 1850, grand in-8.

INDUSTRIE DE PARIS

RAPPORTS SUR LES PRODUITS DE L'INDUSTRIE DE PARIS *(Exposition nationale de 1849, à Paris)*. Paris, 1850, in-8.

RAPPORT SUR LES OBJETS DE PARURE, DE FANTAISIE ET DE GOUT FAIT A LA COMMISSION FRANÇAISE DU JURY INTERNATIONAL DE L'EXPOSITION UNIVERSELLE DE LONDRES. Paris, Imprimerie impériale, 1854, in-8 de 108 pp.

EXPOSITION UNIVERSELLE DE 1862. RAPPORT. *(IVe et XXXVIe classes)*. Paris, imprimerie Napoléon Chaix, 1863, in-8 de 75 pp.

VII. — DIVERS

Manifeste et projet de statuts du Conseil général des travailleurs de Saint-Quentin. s. l. n. d. (Saint-Quentin, 1848) in-4 de 4 pp.

Notice sur les gambiers de la Malaisie, s. l. n. d. (1846), in-8 de 20 pp., 3 planches.

(Extrait des séances et travaux de l'Académie de Reims.)

Fabrication des pagnes de coton a Gorée (Sénégal), s. l. n. d. (1846), in-8 de 8 pp. — 2 planches.

Catalogue des plantes du Cap de Bonne-Espérance, s. l. n. d., in-8 de 4 pp.

Excursion a la grotte de San-Matéo aux environs de Manille, s. l. n. d., in-8 de 18 pp.

(Extrait des séances et travaux de l'Académie de Reims.)

Constance : son vignoble et ses vins, s. l., 1851, in-12 allongé de 35 pp. (Paris, typ. Vinchon.)

Le docteur Dominique-Auguste Valette, 1821-1876. Lyon, imprimerie de Pitrat aîné. 1877, grand in-8 de 35 pp.

Articles publiés dans le *Journal des Economistes*, le *Dictionnaire d'économie politique*, le *Dictionnaire du commerce et de la navigation*, le *Dictionnaire du commerce, de l'industrie et de la banque*, le *Nieuw Tijdschrift*, de Rotterdam, le *Journal asiatique*, *The Chinese Repository*, la *Gazette des beaux-arts*, la *Revue de l'art français*, la *Revue numismatique*, *Bibliographica*, le *Magasin pittoresque*, la *Revue du Lyonnais*.

Imprimerie Mougin-Rusand, Waltener & Cie, succrs
rue Stella, 3, Lyon.

www.ingramcontent.com/pod-product-compliance
Lightning Source LLC
LaVergne TN
LVHW020449230826
846091LV00004B/1606

* 9 7 8 2 0 1 6 1 4 4 1 8 3 *